Parlons de souveraineté à l'école

Parlons de souveraineté à l'école

CONSEIL DE LA SOUVERAINETÉ
DU QUÉBEC

LES INTOUCHABLES

Les Éditions des Intouchables bénéficient du soutien financier de la SODEC, du Programme de crédits d'impôt du gouvernement du Québec et sont inscrites au Programme de subvention globale du Conseil des Arts du Canada.

Nous reconnaissons l'aide financière du gouvernement du Canada par l'entremise du Programme d'aide au développement de l'industrie de l'édition (PADIÉ) pour nos activités d'édition.

LES ÉDITIONS DES INTOUCHABLES
2316, avenue du Mont-Royal Est
Montréal, Québec
H2H 1K8
Téléphone : (514) 526-0770
Télécopieur : (514) 529-7780
www.lesintouchables.com

DISTRIBUTION : PROLOGUE
1650, boulevard Lionel-Bertrand
Boisbriand, Québec
J7H 1N7
Téléphone : (450) 434-0306
Télécopieur : (450) 434-2627

Impression : Marquis Imprimeur inc.
Conception de la couverture : Benoît Desroches
Photographie de la couverture : Karine Patry
Infographie : Benoît Desroches, Jonathan Grondin
Correction : Corinne Danheux
Merci à ceux et celles qui nous ont autorisés à reproduire
les images qui illustrent ce guide pédagogique.

Dépôt légal : 2006
Bibliothèque nationale du Québec
Bibliothèque nationale du Canada

ISBN 2-89549-209-3

**CONSEIL
DE LA SOUVERAINETÉ
DU QUÉBEC**

La Commission de l'éducation
Robert Cadotte, co-président
Colette Lebel, co-présidente
Édith Boutin, secrétaire
Alexandre Beaulieu
Josée Bouchard
Jacques Brodeur
Robert Comeau
Jean-Louis Frenette
Marie-Germaine Guiomar
Juan Jose Hernandez
Constance Leduc
Ginette Leroux
Colette Noël
Ercilia Palacio Quintin
Colette Provost
Monique Richard
Andrée Saint-Georges
Raymond Thériault

Collaboration
Gilles Gagné

Au Québec, 165 000 personnes
travaillent dans le réseau de l'éducation.

À 165 000, on peut changer l'avenir du Québec !

Un pavé dans la mare !

Ostensiblement et délibérément, le Conseil de la souveraineté du Québec publie ce document pédagogique destiné à ceux et à celles qui, dans notre société, ont pour fonction critique (1) de transmettre à la fois des informations et des valeurs, (2) de faciliter l'appropriation de connaissances, la multiplication des apprentissages et le développement des habiletés et (3) d'accompagner les étudiants de tous âges dans la construction de leur identité citoyenne basée sur l'autonomie et la responsabilité. Ces gens, ce sont nos enseignantes et enseignants.

C'est un pavé dans la mare ! Ce document veut contribuer à démystifier et à faire reculer le tabou entourant le projet de la souveraineté du Québec. Ce dernier est inscrit dans l'histoire du Québec. Il dispose d'une parfaite légitimité. Le Québec d'aujourd'hui en est profondément pétri. Celui de demain en vivra vraisemblablement. Il appartient entre autres à l'école de permettre aux jeunes de se saisir de cette question de fond, comme de toutes les autres questions touchant les personnes et les sociétés, pour l'apprivoiser, en débattre, se faire une opinion. C'est ce débat qui permettra aux étudiants de se forger une pensée et un jugement politique critiques, et ainsi de devenir des sujets autonomes et des citoyens responsables.

Le bon sens voudrait qu'une question aussi importante que celle de l'indépendance d'un peuple soit inscrite dans le corpus académique de son système d'éducation. Parce qu'il traîne encore son passé colonial, le Québec s'est toujours interdit d'aborder de front cette question. Tout comme il continue à faire très peu de place à sa propre histoire. Le présent document est offert aux enseignants et enseignantes qui désirent enrichir et compléter leurs propres interventions sur le sujet.

L'indépendance du Québec n'est pas un tabou. C'est un formidable projet citoyen qui fait grandir quiconque s'y engage. C'est une contribution originale à l'enrichissement de la diversité planétaire. La souveraineté est aux peuples ce que la liberté est aux individus, une condition essentielle de leur plein épanouissement. On ne peut pas en parler à l'école ? Informons-nous quand même !

GÉRALD LAROSE
Président du Conseil de la souveraineté du Québec

Quel peuple peut penser parvenir à l'indépendance si ses enseignants, ses intellectuels, ne prennent pas la parole pour en expliquer les bienfaits?

En 1995, pratiquement tous les enseignants du Canada anglais sont intervenus dans leur classe pour parler du référendum au Québec. En Alberta, certaines écoles sont même allées jusqu'à faire une prière le jour du référendum pour que l'indépendance soit rejetée.

La situation était différente chez les enseignants francophones du Québec. Au niveau secondaire, presque personne n'en a parlé. Les enseignants ne voulaient pas se faire accuser d'endoctriner les jeunes. Pourtant, personne, pas même les politiciens ou les journalistes, n'a accusé les enseignants anglophones d'endoctriner leurs élèves en vantant les mérites du fédéralisme. Deux siècles et demi de colonisation, ça laisse malgré tout des marques!

Le présent cahier vise donc à libérer la parole face à l'indépendance. Se prive-t-on de parler d'éducation sexuelle, de la théorie de l'évolution, de l'homosexualité ou des religions parce que ces sujets sont litigieux? Bien sûr que non, puisque la tâche des enseignants est de faire progresser les jeunes sur le chemin de la connaissance, du raisonnement, de l'esprit critique.

Il en est de même de l'indépendance. Les situations présentées dans ce cahier n'ont pas pour but de manipuler les élèves ou les étudiants. Les faits sont nos meilleurs alliés. La réalité ne cesse d'apporter aux souverainistes de nouveaux arguments toujours plus convaincants.

Ce cahier propose de nombreuses activités pour amener les élèves et les étudiants à construire le lendemain de l'indépendance. Comme le dit de façon imagée Loriane Séguin, une sympathisante du Conseil de la souveraineté, si vous voulez convaincre votre ami de faire avec vous un voyage en Italie, il faut cesser de lui parler de l'avion qui va vous y conduire et lui parler de l'Italie : de Rome, de Venise, du Colisée, de Léonard de Vinci, de ses restaurants…

Nous savons qu'il y aura des réactions à la sortie de ce cahier. Nous parions que, cette fois-ci, elles ne conduiront pas les enseignants à se taire. Cette prise de parole sera l'indice que nous avons cheminé et que nous sommes enfin prêts pour l'indépendance.

De fait, l'objectif ultime est que les élèves et les étudiants trouvent ces activités intéressantes ou dérangeantes, et qu'ils aient envie d'en discuter avec papa, maman, grand-papa, grand-maman. Les recherches qu'ils auront menées à travers ces activités ne devraient pas manquer d'alimenter les discussions à l'heure du souper, discussions peut-être rares dans certains foyers où la télévision occupe une place plus importante que l'échange.

Pour éviter la propagande

Le jugement des jeunes doit se construire par l'ouverture d'esprit et la recherche. Il est donc primordial qu'ils effectuent des recherches, qu'ils se nourrissent à des sources différentes et contradictoires, qu'ils débattent des idées, qu'ils évitent l'excommunication de ceux qui diffèrent d'opinion. Ces règles sont valides pour l'ensemble des activités de ce cahier.

Invitera-t-on en classe un conférencier indépendantiste, il serait alors souhaitable d'en inviter également un qui soit fédéraliste. Il n'est pas nécessaire cependant de les opposer l'un à l'autre lors d'une discussion. Ce genre de débat est souvent cacophonique et ne facilite pas toujours la compréhension. Mieux vaut préparer des questions, ce qui donnera tout le temps à la classe d'analyser les réponses par la suite.

De la même manière, si les élèves et les étudiants organisent des rencontres avec des experts, il est essentiel de varier les sources, de manière à pouvoir par la suite faire des choix éclairés.

Lors du dernier référendum, quelques rares écoles ont organisé des débats entre les élèves. La moitié de la classe devait défendre la position du OUI et l'autre moitié, celle du NON. Avant le débat, les élèves devaient effectuer des recherches et développer leurs arguments. Cette formule intéressante permet d'approfondir les diverses positions.

Dans le présent cahier, nous fournissons d'abord et avant tout des données sur l'indépendance. La contrepartie est cependant facilement accessible dans les documents ministériels ou dans les nombreux documents pédagogiques envoyés directement aux établissements scolaires par le gouvernement fédéral. À titre d'exemple, la justification d'une armée «classique» est largement développée dans ces documents. Il en est de même des arguments justifiant les institutions fédérales; pour l'occasion, les écoles ont même droit à une vidéocassette sur le Sénat. Quant aux diverses politiques fédérales, elles font l'objet de nombreux communiqués de presse accessibles sur Internet.

Contenu de ce guide pédagogique

Ce guide touche des matières variées et s'adresse à différents niveaux scolaires. Il vise à stimuler l'imagination. À ce chapitre, et non sans humour, nous dirions qu'il fait très «réforme». La notion d'indépendance se situerait plutôt dans la logique des compétences transversales. Les mises en situation que nous proposons s'inscrivent donc dans le cadre des matières de base (les compétences disciplinaires) que nous enseignons. Comme pour l'acquisition de toute compétence transversale, les mises en situation peuvent donc être incluses dans le programme de divers cours (mathématiques, français, etc.).

Des niveaux interchangeables

Les activités proposées peuvent s'adapter à plusieurs niveaux d'étude. L'enseignant ou l'enseignante ne doit pas limiter sa lecture aux seules activités de son niveau d'enseignement. Bien au contraire, ils peuvent trouver de multiples idées et projets en parcourant l'ensemble des activités du cahier. Même pour le niveau universitaire, il y a matière à réflexion dans la lecture des activités d'autres niveaux.

La fête nationale des Québécois

Niveaux : maternelle et service de garde.
Compétence disciplinaire : arts plastiques.

Contexte

La construction de l'identité personnelle est indispensable au développement de l'être humain. L'appartenance à une famille, à une collectivité et à une culture sont des éléments majeurs dans la constitution de l'identité de l'individu. Il est donc important de développer dès le jeune âge un sentiment d'appartenance à la société québécoise. La meilleure manière d'y arriver avec un jeune enfant passe par le vécu, l'action et la participation. On lui fournit l'occasion de participer à des événements familiaux, collectifs et culturels tels la fête des Mères, la fête des Pères, l'Halloween, Noël.

La préparation de ces journées importantes occupe plusieurs semaines de la vie des enfants à la maternelle ou en garderie. Pourquoi ne pas travailler avec eux afin qu'ils puissent participer à leur manière à la fête nationale du Québec, le 24 juin !

Ils ne seront plus à l'école ce jour-là, mais ils n'y sont pas non plus à Noël. Les enfants adorent les fêtes. Offrons-leur ce plaisir une dernière fois avant les grandes vacances.

Activité

Toute la classe travaille à préparer des décorations pour la fête de la Saint-Jean. Ils les rapporteront ensuite à la maison pour les mettre sur la porte, aux fenêtres ou sur le balcon. Mais en attendant, utilisons ces décorations pour embellir la classe… avec l'aide des enfants, bien sûr !

Les décorations. La plupart seront blanche et bleue comme le drapeau du Québec qui en constituera l'élément central.

On les fabriquera en papier de soie, en papier crêpé, ou encore avec des morceaux de ruban ou de tissu. C'est le temps d'utiliser ce qui reste dans les réserves et d'en tirer parti de façon intéressante. Place à la créativité !

Tout au long de l'année, les enfants ont appris différentes techniques de bricolage. Ils pourront les appliquer et en découvrir de nouvelles : guirlandes de bonshommes, de cœurs, d'étoiles, d'arbres, etc. Tout cela conviendra pour chanter notre Québec à l'occasion de sa fête.

Les drapeaux du monde et du Québec

Niveaux : maternelle, primaire et service de garde.
Compétences disciplinaires : arts plastiques, mathématiques, univers social.

Contexte

Le drapeau est partout dans le monde le symbole le plus visible d'une nation. Il faut apprendre aux enfants à découvrir leur drapeau, symbole de la société québécoise à laquelle ils appartiennent, et leur permettre aussi de connaître la diversité des drapeaux à travers le monde. Pourquoi ne pas le faire dans le cadre du programme de mathématiques et d'arts plastiques ?

Activité

Reproduire des drapeaux québécois (deux par enfant ou par groupes d'enfants). Dans le cas des drapeaux d'autres pays, on peut utiliser des drapeaux déjà faits (photocopies du dictionnaire ou impression à partir d'Internet). Réunir les drapeaux en sous-groupes selon les couleurs, les formes géométriques qu'ils ont en commun.

Phase 1 : Fabriquer un drapeau du Québec

Matériel : feuille, crayon de cire blanc, pinceau, gouache bleue assez liquide.

L'histoire du drapeau
Pour connaître l'histoire du fleurdelisé, consulter le site du gouvernement québécois : www.drapeau.gouv.qc.ca/drapeau/hist

Demander aux enfants de colorier avec le crayon de cire blanc les lignes croisées et les quatre fleurs de lys. Recouvrir ensuite l'ensemble de la feuille avec de la gouache bleue. Il est possible évidemment de faire le drapeau avec d'autres techniques, tels le découpage et le collage.

Phase 2 : Faire des ensembles

• Matériel : grande feuille, colle, petits drapeaux de divers pays au choix.

• Les enfants tracent deux grands cercles sur leur feuille et collent un drapeau québécois au centre de chaque cercle.

• L'enseignante demande ensuite aux enfants de placer une série de drapeaux dans les cercles selon une consigne donnée (ex. : dans le premier cercle, on dispose les drapeaux qui n'ont pas de rouge et dans le second, ceux qui n'ont pas de vert).

• Dans l'exemple des pages 18 et 19, nous utilisons les drapeaux des provinces ou pays suivants : Québec, Honduras, Argentine, Saint-Vincent-et-les-Grenadines, Jamaïque, Brésil, Venezuela, Paraguay, Chili, Cuba, Haïti.

• L'enseignante demande ensuite aux enfants de trouver l'intersection de ces ensembles, c'est-à-dire les drapeaux qui sont communs aux deux ensembles (voir page 19).

• À la maternelle, au lieu d'utiliser du papier, on peut dessiner deux grands cercles sur le sol. Les enfants peuvent tenir différents drapeaux et se placer eux-mêmes dans l'ensemble adéquat tracé sur le sol. Ce jeu peut être long pour des enfants de cet âge, mais demeure très amusant.

Note : Dans l'exemple de la page 19, nous avons utilisé des drapeaux du continent américain.

Dans les classes où il y a des enfants de familles immigrantes, on peut utiliser pour l'exercice les drapeaux de la nation d'origine de ces enfants. Il ne faut pas oublier que les enfants de familles immigrantes nés au Québec sont Québécois. Il ne faut pas dire que c'est le drapeau « du pays de Sébastien », mais, selon le cas, « du pays où sont nés les parents de Sébastien » ou « du pays où Sébastien est né ».

Exemple d'ensembles

Ensemble non rouge

Saint-Vincent-et-les-Grenadines
Jamaïque
Brésil
Nicaragua
Honduras
Argentine
Québec

Ensemble non vert

Venezuela
Paraguay
Chili
Cuba
Haïti
Nicaragua
Honduras
Argentine
Québec

Ensemble non rouge	**Intersection**	**Ensemble non vert**
Saint-Vincent-et-les-Grenadines	Nicaragua	Venezuela
Jamaïque	Honduras	Paraguay
Brésil	Argentine	Chili
	Québec	Cuba
		Haïti

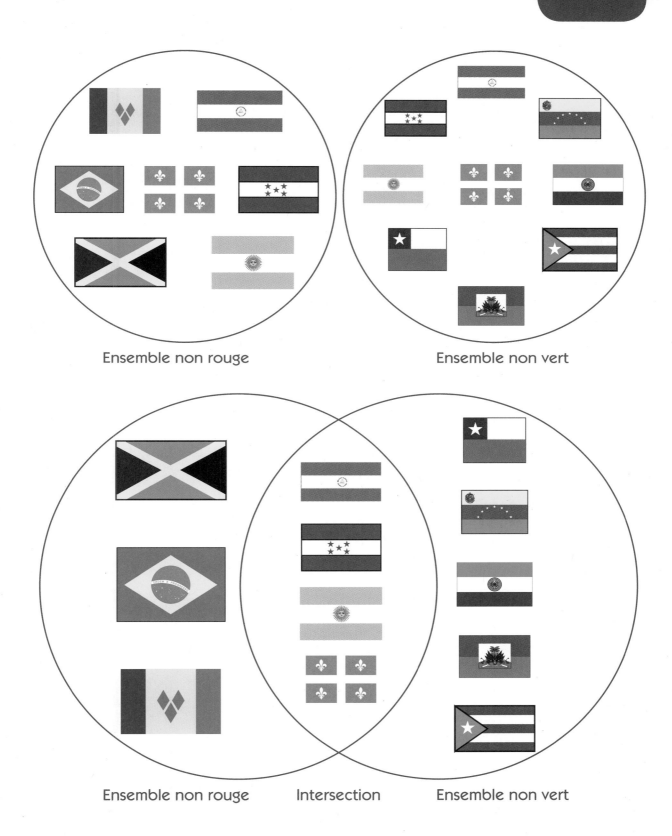

Ensemble non rouge

Ensemble non vert

Ensemble non rouge   Intersection   Ensemble non vert

Les fêtes de l'indépendance

Niveau : primaire.
Compétences disciplinaires : français, univers social.
Domaine général de formation : vivre ensemble et citoyenneté.

Contexte

Certains enseignants dont la classe compte des élèves récemment immigrés ont pris l'habitude de marquer par une activité spéciale les fêtes nationales des pays d'origine de ces élèves.

C'est là une excellente occasion d'initier les élèves au concept d'indépendance. En effet, la fête nationale de plusieurs pays commémore l'accès à leur indépendance, ce moment où ils se sont affranchis des colonisateurs. Ces pays sont très fiers de cet événement, car il correspond au moment où le peuple s'est pris en main et a commencé à décider de ses lois, de ses traités et de l'utilisation complète de ses impôts.

Activité

• L'enseignant peut utiliser les fêtes nationales pour poser des questions et proposer des recherches sur la démarche vers l'indépendance de différents pays. Ce sera une belle occasion de faire de la géographie : le pays et sa situation géographique, ses richesses naturelles, sa population. Une occasion aussi d'enseigner l'histoire : le pays avant la conquête, le pays sous domination, le pays indépendant.

L'enseignante qui ne compte aucun immigrant dans sa classe peut aussi réaliser cette activité en choisissant elle-même quelques pays. Pourquoi alors ne pas choisir des pays américains, question de mieux connaître nos proches voisins ?

• Nous suggérons d'afficher une carte du monde en noir et blanc. Tout au long de l'année, à la date de chacune des fêtes nationales, un enfant pourrait être désigné pour colorier le pays dont l'indépendance est célébrée ce jour-là. On peut trouver une carte à l'adresse suivante : http://atlas.gc.ca/site/francais/maps/reference/outlineworld.

• À chaque fête de l'indépendance, comparer la superficie et la population du pays avec celles du Québec.

QUIZ

Il y a actuellement 190 pays indépendants dans le monde ainsi qu'une trentaine de territoires occupés ou de colonies.

La fête nationale de plusieurs pays correspond à la fête de leur indépendance. Parmi les 190 pays, combien sont dans cette situation ?
Réponse : 136 (72 %)

Parmi les 190 pays, combien sont moins populeux que le Québec ?
Réponse : 100 (53 %)

Combien sont plus petits que le Québec ?
Réponse : 176 (93 %)

Les Amériques comptent 35 pays indépendants et quelques colonies. Combien parmi les 35 pays fêtent leur indépendance le jour de leur fête nationale ?
Réponse : 32 (91 %)

(Les trois exceptions sont le Canada, la Guyana et Cuba.)

Annexe • Les fêtes de l'indépendance

Dans les tableaux des pages 22 et 23, les pays en caractères bleus commémorent leur indépendance le jour de leur fête nationale. Quelques pays ont plus d'une fête nationale.

Janvier

Jour	
1er	Haïti (1804)
1er	Soudan (1956)
1er	Cuba (Jour de la libération; voir aussi 26 juillet)
4	Myanmar (Birmanie) (1948)
7	Cambodge (Victoire sur les Khmers rouges: 1979)
26	Australie
26	Inde
31	Nauru, République de (1968)

Février

Jour	
4	Sri Lanka (1948)
7	Grenade (1974)
8	Nouvelle-Zélande
11	Iran
11	Japon
16	Lituanie (1918)
18	Gambie (1965)
19	Népal (Voir aussi 28 décembre)
22	Sainte-Lucie (1979)
23	Brunei
23	Guyana
24	Estonie (1918)
25	Koweit
27	République dominicaine (1844)

Mars

Jour	
1er	Bosnie-Herzégovine (1992)
3	Bulgarie (1878)
6	Ghana (1957)
12	Maurice (1968)
17	Irlande
20	Tunisie (1956)
21	Namibie (1990)
23	Pakistan
25	Grèce (Révolution contre l'occupant: 1821)
26	Bangladesh (1971)

Avril

Jour	
4	Sénégal (1960)
16	Danemark (Voir aussi 5 juin)
17	Syrie (1946)
18	Zimbabwe (1980)
26	Tanzanie (1964)
27	Afrique du Sud (Fête de la liberté: 1994)
27	Sierra Leone (1961)
27	Togo (1960)
30	Pays-Bas

Mai

Jour	
3	Pologne
10	Micronésie (Autonomie interne face aux USA, 1979; voir aussi 3 novembre)
14	Israël (1948)
14	Paraguay (1811)
17	Norvège
20	Timor-Oriental, République démocratique du (Indépendance de l'Indonésie, 2002; voir aussi 28 novembre)

Mai

Jour	
20	Cameroun
22	Yémen
24	Érythrée (1993)
25	Argentine (Fête de la révolution, 1810; voir aussi 9 juillet)
25	Jordanie (1946)
26	Géorgie (1918)
28	Azerbaïdjan (1918)
28	Éthiopie
30	Croatie

Juin

Jour	
1er	Samoa (1962)
2	Italie
4	Tonga, Royaume de (1970)
5	Danemark (Voir aussi 16 avril)
6	Suède
10	Portugal
12	Philippines (1898)
12	Russie
16	Angleterre
17	Islande (1944)
18	Seychelles (Voir aussi 29 juin)
23	Luxembourg
25	Mozambique (1975)
25	Slovénie (1991)
26	Madagascar (1960)
27	Djibouti (1977)
29	Seychelles (1976; voir aussi 18 juin)
30	Congo, République démocratique du (1960 ; voir aussi 15 août)

Juillet

Jour	
1er	Canada
1er	Burundi (1962)
1er	Rwanda (1962)
1er	Somalie (1960; voir aussi 21 octobre)
3	Biélorussie (1991)
4	États-Unis (1776)
5	Algérie (1962; voir aussi 1er novembre)
5	Venezuela (1811)
5	Cap Vert (1975)
6	Comores, Union des (1975)
6	Malawi
7	Salomon, Îles (1978)
9	Argentine (1816; voir aussi 25 mai)
10	Bahamas (1973)
11	Mongolie (1921)
12	Sao Tomé-et-Principe (1975)
12	Kiribati, République de (1979)
14	France (Révolution: 1789)
20	Colombie (1810)
21	Belgique
23	Égypte (Révolution: 1952)
26	Cuba (Jour de la rébellion, 1954; voir aussi 1er janvier)
26	Maldives, République des (1965)
26	Liberia (1847)
28	Pérou (1821)
30	Vanuatu, République de (1980)

Activité 3

Août

Jour	
1er	Bénin (1960)
1er	Suisse
3	Niger (1960; voir aussi 18 décembre)
4	Burkina Faso (Révolution, 1984; voir aussi 5 août)
5	Burkina Faso (1960; voir aussi 4 août)
6	Bolivie (1825)
6	Jamaïque (1962)
7	Côte d'Ivoire (1960)
9	Singapour (1965)
10	Équateur (1809)
11	Tchad (1960)
15	Congo, République du (1960 ; voir aussi 30 juin)
15	Corée-du-Sud (1945)
15	Liechtenstein
17	Indonésie (1945)
17	Gabon (1960)
19	Afghanistan (1919)
20	Hongrie
24	Ukraine (1991)
25	Uruguay (1825)
27	Moldavie (1991)
29	Slovaquie (Soulèvement national : 1944)
31	Kirghizistan (1991)
31	Malaisie (1957)
31	Trinité-et-Tobago (1962)

Septembre

Jour	
1er	Libye
1er	Ouzbékistan (1991)
2	Viêtnam (1945)
3	Saint-Marin
3	Qatar (1971)
6	Swaziland (1968)
7	Brésil (1822)
8	Andorre
8	Macédoine, République de (1991)
9	Corée, République populaire démocratique (1948)
9	Tadjikistan (1991)
15	Costa Rica (1821)
15	Salvador (1821)
15	Guatemala (1821)
15	Honduras (1821)
15	Nicaragua (1821)
16	Papouasie-Nouvelle-Guinée (1975)
16	Mexique (1810)
18	Chili (1810)
19	Saint-Kitts-et-Nevis (1983)
21	Malte (1964)
21	Arménie
21	Belize (1981)
22	Mali (1960)
23	Arabie Saoudite (1932)
24	Guinée-Bissau (1973)
30	Botswana (1966)

Octobre

Jour	
1er	Chine, République populaire de (Révolution : 1949)
1er	Chypre (1960)
1er	Palau, République de (1994)
1er	Tuvalu (1978)
1er	Nigeria (1960)
2	Guinée (1958)
3	Allemagne
4	Lesotho (1966)
9	Ouganda (1962)
10	Fidji (1970)
12	Espagne (Voir aussi 6 décembre)
12	Guinée équatoriale (1968)
21	Iles Marshall (1986)
21	Somalie (Voir aussi 1er juillet)
24	Zambie (1964)
25	Kazakhstan (1990; voir aussi 16 décembre)
26	Autriche (Jour où le dernier soldat russe a quitté l'Autriche : 1955)
27	Saint-Vincent-et-les-Grenadines (1979)
27	Turkménistan (1991)
28	République tchèque
29	Turquie

Novembre

Jour	
1er	Algérie (Début de la guerre de libération nationale, 1954; voir aussi 5 juillet)
1er	Antigua et Barbuda (1981)
3	Panama (1903)
3	Dominique (1978)
3	Micronésie (1986; voir aussi 10 mai)
11	Angola (1975)
18	Lettonie (1918)
18	Maroc (1927: bataille décisive pour l'indépendance obtenue le 2 mars 1956)
18	Oman
19	Monaco
22	Liban (1943)
25	Surinam (1975)
28	Albanie (1912)
28	Timor -Leste, République démocratique du (Indépendance du Portugal : 1975; voir aussi 20 mai)
28	Mauritanie (1960)
29	Serbie-Monténégro
30	Barbade (1966)

Décembre

Jour	
1er	République Centrafricaine
1er	Roumanie
2	Émirats arabes unis (1971)
2	Laos
5	Thaïlande
6	Finlande (1917)
6	Espagne (Voir aussi 12 octobre)
12	Kenya (1963)
16	Bahrein
16	Kazakhstan (Voir aussi 25 octobre)
17	Bhoutan
18	Niger (Voir aussi 3 août)
28	Népal (Voir aussi 19 février)

Les petits pays sont-ils viables ?

On invoque souvent l'argument que le Québec indépendant ne serait pas viable à cause de la taille de sa population et de la trop petite proportion de francophones vivant en Amérique. Les données ci-dessous viennent contredire cet argument. Elles tendent à démontrer la prospérité relative de certains petits pays qui réussissent très bien, malgré leur langue et leur population.

	Population (2005)[1]	Espérance de vie (Hommes: 2003)[2]	Espérance de vie (Femmes: 2003)[3]	PIB par habitant (2003: $ US)[4]	Taux de chômage (2004)[5]	Superficie km²[6]	Langue nationale	Proportion de la population mondiale parlant cette langue[7]
Islande	290 000	78 ans	82 ans	33 200 $	3,1 %	102 828	islandais	moins de 1/10 000
Norvège	4 593 000	77 ans	82 ans	36 100 $	4,4 %	323 879	norvégien	moins de 1/1000
Finlande	5 214 000	75 ans	82 ans	27 400 $	8,9 %	337 032	finois	moins de 1/1000
Danemark + Groënland	5 413 000	75 ans	80 ans	29 800 $	5,8 %	43 069 / 2 175 600	danois	moins de 1/1000
Suède	8 943 000	78 ans	83 ans	28 100 $	5,6 %	449 750	suédois	moins de 1/500
Nouvelle-Zélande	3 938 000	77 ans	82 ans	22 800 $	4,1 %	268 675	anglais	7 % à 8,1 %
Suisse	7 418 000	78 ans	83 ans	30 400 $	4,0 %	41 288	italien-français allemand	
Québec	**7 598 000**	**77 ans**	**82 ans**	**27 836 $**	**8,5 %**	**1 667 441**	**français**	**2 % à 4,4 %**

1. Source : www.populationdata.net et Institut de la statistique du Québec.

2. Source : Organisation mondiale de la santé et Institut de la statistique du Québec.

3. Source : Organisation mondiale de la santé et Institut de la statistique du Québec.

4. Source : OCDE et Institut de la statistique du Québec. Le PIB par habitant est mesuré en parité de pouvoir d'achat (PPA).

5. Source : OCDE et Institut de la statistique du Québec.

6. Source : dictionnaire *Le Petit Robert 2.*

7. Concernant les langues parlées, toutes les sources s'accordent à dire que les chiffres sont approximatifs. Selon le site www.populationdata.net, les proportions sont respectivement de 7 % et 4,4 % pour l'anglais et le français. Selon le site http://villemin.gerard.free.fr, ces proportions sont de 8,1 % et 2 %.

Les fêtes nationales sont une bonne occasion d'étudier l'histoire du monde. Ci-dessus, signature de la déclaration d'indépendance des États-Unis. On trouve le texte de la déclaration à la page 26.
Source: http://www.historyplace.com/unitedstates/revolution/decindep.htm

La déclaration d'indépendance « américaine »

Préambule

Au Congrès, le 4 juillet 1776

Déclaration unanime des treize États-Unis d'Amérique

Lorsque dans le cours des événements humains, il devient nécessaire pour un peuple de dissoudre les liens politiques qui l'ont attaché à un autre et de prendre parmi les puissances de la terre la place séparée et égale à laquelle les lois de la nature et du Dieu de la nature lui donnent droit, le respect dû à l'opinion de l'humanité l'oblige à déclarer les causes qui le déterminent à la séparation.

Nous tenons pour évidentes par elles-mêmes les vérités suivantes: tous les hommes sont créés égaux; ils sont doués par le Créateur de certains droits inaliénables; parmi ces droits se trouvent la vie, la liberté et la recherche du bonheur.

Les gouvernements sont établis parmi les hommes pour garantir ces droits, et leur juste pouvoir émane du consentement des gouvernés.

Toutes les fois qu'une forme de gouvernement devient destructive de ce but, le peuple a le droit de la changer ou de l'abolir, et d'établir un nouveau gouvernement, en le fondant sur les principes et en l'organisant en la forme qui lui paraîtront les plus propres à lui donner la sûreté et le bonheur.

La prudence enseigne, à la vérité, que les gouvernements établis depuis longtemps ne doivent pas être changés pour des causes légères et passagères, et l'expérience de tous les temps a montré, en effet, que les hommes sont plus disposés à tolérer des maux supportables qu'à se faire justice à eux-mêmes en abolissant les formes auxquelles ils sont accoutumés.

Mais lorsqu'une longue suite d'abus et d'usurpations, tendant invariablement au même but, marque le dessein de les soumettre au despotisme absolu, il est de leur droit, il est de leur devoir de rejeter un tel gouvernement et de pourvoir, par de nouvelles sauvegardes, à leur sécurité future.

Telle a été la patience de ces colonies et telle est aujourd'hui la nécessité qui les force à changer leurs anciens systèmes de gouvernement. L'Histoire de celui qui règne aujourd'hui sur la Grande-Bretagne est une histoire d'injustices et d'usurpations répétées ayant toutes pour direct objet l'établissement d'une tyrannie absolue sur nos États. […]

En conséquence, nous, représentants des États-Unis d'Amérique réunis en congrès plénier, prenant le Juge suprême du monde à témoin de la droiture de nos intentions, au nom et par délégation du bon peuple de ces colonies, affirmons et déclarons solennellement:

Que ces colonies unies sont et doivent être en droit des États libres et indépendants; qu'elles sont relevées de toute fidélité à l'égard de la Couronne britannique, et que tout lien entre elles et l'État de la Grande-Bretagne est et doit être entièrement dissous.

Source: http://www.hemes.be/esas/mapage/evenem/declinde.html

La reine d'Angleterre

Niveau : primaire.
Compétences disciplinaires : mathématiques, univers social.
Domaine général de formation : vivre ensemble et citoyenneté.

Contexte

La Nouvelle-France a été conquise par l'Angleterre en 1760. Depuis, le Canada a acquis une certaine forme d'indépendance face à l'Angleterre. Pourtant, le portrait de la reine se trouve toujours sur nos billets de banque et nos timbres. Les ministres canadiens, de même que les nouveaux citoyens, prêtent également un serment d'allégeance à la reine.

En 2002, la reine Élisabeth II a visité le Canada. Total de la facture pour les citoyens canadiens : 12,5 millions de dollars[8]. Les Québécois ont payé 2 875 000 $[9] de cette somme.

Depuis août 2005, la gouverneure générale du Canada est Mme Michaëlle Jean[10]. Elle succède à Mme Adrienne Clarkson. Elle est la représentante officielle de la reine d'Angleterre au Canada. Dans chaque province, un lieutenant-gouverneur est également nommé. En 2003[11], les Canadiens ont payé 41 millions de dollars pour les dépenses de la gouverneure générale. Si l'on distribuait une part égale de ce montant à chaque citoyen, celle des Québécois s'élèverait donc à 9 430 000 $.

Activité

Proposer aux élèves les thèmes de recherche ou les problèmes mathématiques suivants :

• Qu'est-ce qu'une gouverneure générale ? (C'est l'occasion d'étudier l'histoire coloniale du Canada.)

• Pourquoi le Canada a-t-il encore une gouverneure générale ?

• Qu'aurait pu faire le gouvernement du Québec avec les 2 875 000 $ qu'a coûté à ses citoyens la visite de la reine d'Angleterre ?

• Si le Québec était indépendant, nous pourrions abolir la fonction de gouverneure générale. Qu'aurions-nous pu faire avec les 9 430 000 $ dépensés en 2003 par la gouverneure générale ? (L'enseignante peut fournir la valeur de différentes choses pour voir ce qu'on aurait pu réaliser avec cet argent.)

Suggestions :

Construire une école en Haïti = 1 M $[12]
Acheter des livres pour la bibliothèque scolaire. Un roman jeunesse = 15 $[13]
Le revenu annuel d'un habitant de la Sierra Leone = 562 $[14]
Un lit dans un CHSLD pendant une année = 55 000 $[15]

---

8. *Le Devoir*, 26 avril 2004. *Un fonds secret mieux garni que ne l'a dit Ottawa.*

9. Les Québécois représentent 23 % de la population du Canada.

10. Mme Jean est une ancienne journaliste de la Société Radio-Canada.

11. *La Presse*, 13 mars 2004.

12. Les 9 430 000 $ auraient permis de construire 9 écoles.

13. Les 9 430 000 $ auraient permis d'acheter 628 666 romans jeunesse.

14. Les 9 430 000 $ auraient permis de doubler le revenu annuel de 16 779 habitants de la Sierra Leone. Source de la population de la Sierra Leone : *L'état du monde 2005.*

15. Les 9 430 000 $ auraient permis de loger dans un CHSLD 171 personnes âgées pendant un an.

Imaginons la paix! (dessins créatifs)[16]

Niveau: primaire.
Compétence disciplinaire: arts plastiques.
Domaines généraux de formation: santé et bien-être, vivre ensemble et citoyenneté.

Contexte[17]

Au cours des cinq prochaines années, le gouvernement du Canada dépensera 17,76 milliards de dollars[18] pour entretenir son armée.

Dans un Québec indépendant, nous récupérerions 4 milliards de dollars de cette somme.

Certains pays n'ont pas d'armée. C'est le cas de l'Islande et du Panama. De son côté, le Costa Rica n'a ni marine ni aviation de guerre. Par voie de terre, le Canada a comme seuls voisins les États-Unis. Le déséquilibre évident entre les effectifs des forces armées états-uniennes et ceux d'une hypothétique armée du Québec rend la probabilité d'une guerre entre les États-Unis et le Québec pratiquement nulle.

Si le Québec était un pays indépendant, nous pourrions donc décider de ne conserver qu'une défense civile, en cas de catastrophe naturelle. Nous pourrions peut-être décider également de maintenir quelques unités de militaires pouvant intervenir dans des opérations de paix des Nations Unies[19]. Bref, nous pourrions facilement couper le budget de la défense de moitié et utiliser l'argent ainsi récupéré pour promouvoir la paix… En survolant l'histoire et en s'attardant sur les guerres qui ont divisé les nations, on pourrait penser que l'adage «Qui veut la paix, prépare la guerre» s'est avéré peu efficace. Pourquoi le Québec indépendant ne choisirait-il pas comme adage: «Qui veut la paix, prépare la paix»?

Activité

Aux pages 30 et 32, vous trouverez deux dessins créatifs que vous pouvez suggérer à vos élèves.

---

16. Cette activité est une adaptation d'une activité du cahier passe-temps *Pacijeu*, publié par le groupe Pacijou.

17. La lecture de l'Activité 11 constitue une introduction plus détaillée de cette activité.

18. Voir Activité 11 pour le détail.

19. Il s'agirait cependant de véritables opérations de paix et non d'opérations téléguidées par les États-Unis, comme c'est le cas trop souvent.

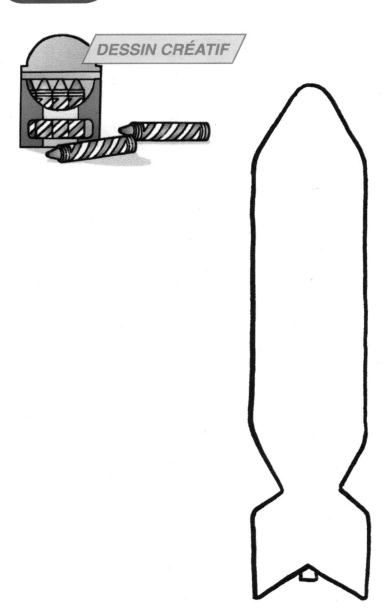

DESSIN CRÉATIF

On a retrouvé dans le lac Saint-Pierre, dans le Saint-Laurent, cet obus que certains pays fabriquent pour détruire des villes, des hôpitaux, des écoles, des maisons. Si tu étais premier ministre du pays du Québec, en quoi pourrais-tu décider de le transformer pour qu'il devienne quelque chose de plus utile ou de plus drôle?

Pour faire ton dessin, ne te gêne pas pour tourner ta feuille dans tous les sens.

J'ai tranformé cet obus en : _____

Il servira à : _____

Ce soldat québécois fait partie de l'armée canadienne. Pendant la nuit, il a rêvé que le Québec devenait un pays et que son régiment se reconvertissait en brigade de la paix. À son réveil, la base militaire où il a dormi s'est transformée en…

La téléviolence et le CRTC[20]

Niveau : primaire.
Compétence disciplinaire : arts plastiques.
Domaine général de formation : médias.

Contexte

À trois reprises depuis 1989, les Québécois ont demandé au gouvernement canadien et au Conseil de la radio et de la télévision canadien (CRTC) de réglementer la téléviolence. La demande était modeste : 1) reporter après 22 h les émissions de grande violence et 2) bannir des ondes les émissions pour enfants qui font la promotion de la violence comme étant une façon normale de régler les conflits. Ces émissions proviennent de diverses origines. On remarque cependant beaucoup plus celles qui sont produites par Hollywood. Les moyens dont disposent les compagnies de production américaines pour promouvoir leurs films et leurs séries télévisées garantissent à ceux-ci une énorme visibilité.

En 1993, à la suite de la pétition de Virginie Larivière, le premier ministre canadien a promis que les télédiffuseurs s'autoréglementeraient. Loin de diminuer, sept ans plus tard, la téléviolence avait augmenté de 432 % dans les réseaux privés québécois[21].

Qui est Virginie Larivière ?
Virginie est cette adolescente de 13 ans qui a lancé une pétition signée par un million et demi de personnes pour demander au gouvernement fédéral de réglementer la violence télévisée. Ce geste faisait suite à l'assassinat de sa sœur de 11 ans, en 1993.

Selon un sondage de *La Presse* mené en 1999, ces demandes étaient appuyées par près de 85 % des Québécois. Malgré cet appui massif, le gouvernement canadien et le CRTC ont refusé d'imposer une réglementation. Pour comprendre ce refus, il faut savoir que le Canada anglais est littéralement branché sur la télévision états-unienne.

Les spécialistes, tant états-uniens que québécois, sont formels quant aux effets négatifs de cette téléviolence. Ainsi, en 2003, les spécialistes québécois déclaraient : « La violence télévisée exerce une influence indéniable sur tous les enfants. Elle ne transforme pas tous les enfants en criminels et elle n'est pas seule à influencer les enfants. Mais les études effectuées conduisent toutes à la même conclusion : les risques qu'elle fait courir à un nombre grandissant d'enfants auront un jour des répercussions sur la qualité de vie et le sentiment de sécurité de l'ensemble de la société[22]. »

Si la radio et la télévision étaient de juridiction québécoise, nous aurions probablement déjà réglementé la téléviolence afin de protéger les enfants en bas âge. Cela n'a aucun rapport avec la censure, car les adultes peuvent toujours enregistrer ces films violents sur leur magnétoscope ou les louer au vidéoclub et les regarder quand les enfants dorment.

La téléviolence a deux effets principaux. Elle tend à augmenter les comportements violents chez plusieurs individus. De plus, elle augmente les peurs et les phobies de façon irrationnelle chez certains enfants.

Habituellement, les enfants refusent de parler de leurs peurs par crainte de passer pour des froussards. L'enseignante ou l'enseignant peut faciliter l'expression de ces peurs en admettant, elle-même, que certaines émissions violentes l'ont effrayée.

La présente activité[23] poursuit trois objectifs. Le premier est de permettre aux enfants de verbaliser leurs peurs face aux films et aux émissions de télévision comportant des scènes de grande violence. Le second est de sensibiliser les parents. Le troisième est de poser un geste afin que le gouvernement québécois récupère les pouvoirs du CRTC pour que nous puissions enfin décider ensemble, comme peuple québécois, d'une réglementation qui protégera nos enfants.

Activité

• Les élèves complètent le dessin de la page 35 et écrivent au verso ce qui les a effrayés. Cette verbalisation aura un effet apaisant sur les enfants et aidera l'enseignante à mieux comprendre les élèves. La classe discute ensuite de ces peurs et de l'intérêt qu'il y a à ne pas regarder de tels films.

• Une fois le dessin terminé, vous pouvez demander aux enfants de l'apporter à leurs parents pour en parler. À la page 36, vous trouverez un modèle de lettre qui peut être jointe à l'attention des parents. Lorsque ceux-ci prendront connaissance de ce que leur enfant a exprimé, ils consacreront probablement du temps à discuter avec lui de ce sujet. Cette discussion pourrait conduire parents et enfants à adopter une position favorable à l'accession, pour le Québec, à la pleine gestion de ses ondes publiques.

• On trouvera sur les sites suivants divers outils pour réaliser cette activité :

- Un dépliant à l'attention des parents expliquant les effets de la téléviolence sur les enfants : www.csdm.qc.ca/CSDM/pdf/Depl_televiolence.pdf.

- Un historique paru dans *Le Devoir* du 5 mai 2003, sur les nombreuses démarches infructueuses auprès du CRTC : www.ledevoir.com/2003/05/05/26915.html?255.

- Un argumentaire répondant aux diverses objections pour s'opposer à la réglementation de la téléviolence : www.edupax.org/campagne.html.

- La déclaration commune des professionnels de la santé devant le Congrès des États-Unis : http://www.edupax.org/Assets/divers/documentation/7b7_televiolence/D%E9clarat ion%20commune%20Congres.htm.

---

20. Conseil de la radiodiffusion et des télécommunications canadiennes.

21. Guy Paquette et Jacques De Guise (2002). *Principaux indicateurs de la violence présentée sur les réseaux généralistes de télévision au Canada, de 1993 à 2001*. Centre d'études sur les médias de l'Université Laval.

22. Cette déclaration était signée par la Direction de prévention et de santé publique de Montréal-Centre, l'Association des médecins psychiatres du Québec, l'Ordre des psychologues du Québec, le Collège des médecins du Québec, l'Association des pédiatres du Québec, l'Ordre des conseillers et conseillères d'orientation et des psychoéducateurs et psychoéducatrices du Québec et l'Ordre des orthophonistes et audiologistes du Québec.

23. Cette activité est reproduite avec la permission du groupe Pacijou.

Qu'est-ce qui peut lui faire si peur ? Dessine-le dans l'écran de télévision.
Quel film ou quelle émission t'a déjà fait très peur ?
Demande à tes parents si certains films leur ont déjà fait peur.

Lettre aux parents

Chers parents,

Nous participons ces jours-ci, à l'école, à une activité de sensibilisation aux effets négatifs des films violents. Nous voulons éveiller le sens critique des enfants en leur donnant l'occasion de s'exprimer au sujet de la téléviolence. L'activité réalisée en classe permettra aux enfants de réfléchir à l'impact de leur consommation d'émissions et de films violents et d'apprécier l'utilité de règles que la famille peut se donner par rapport à l'écoute de la télévision.

En portant attention aux sources qui alimentent leur imaginaire, en écoutant les enfants raconter leurs peurs, en accordant de l'importance à leurs émotions, les adultes ont beaucoup à apprendre des enfants. Voilà pourquoi nous vous invitons à prendre connaissance du travail fait en classe et à échanger avec votre enfant sur ce qu'il en a retiré.

Saviez-vous que certains enfants passent devant la télévision presque autant d'heures qu'à l'école ? Face à une telle situation, les enseignants ne peuvent à eux seuls éliminer les effets négatifs de la téléviolence. Nous avons besoin de l'aide des parents et de nos gouvernements. À trois reprises, depuis 1989, le gouvernement canadien a fait la sourde oreille face aux demandes des parents québécois de réglementer la téléviolence. Si vous trouvez cette situation inacceptable et estimez qu'il faut la changer, faites-le savoir au premier ministre du Québec.

Vos commentaires seront appréciés.

Merci de votre collaboration.

La (le) titulaire de la classe de votre enfant

De « Canadien » à Québécois

Niveau : primaire.
Compétences disciplinaires : musique, univers social, français (langue d'enseignement).

Contexte

L'identité québécoise a subi plusieurs transformations au cours de l'histoire : de Canadien (Canayen) à Canadien français à Québécois.

On peut aborder cette évolution de façon simple avec les enfants. Quoi de mieux que la musique et la poésie pour leur communiquer des notions que l'on doit aborder avec la tête et avec le cœur ? En utilisant la chanson, il est possible d'initier les enfants à des éléments d'histoire : les Patriotes et leurs revendications[24].

Activité

• Présenter aux enfants le texte de la chanson *Un Canadien errant*.

• Discuter avec les enfants pour comprendre le sens des paroles :

- Que désigne le terme « Canadien » ? À la suite des réponses des enfants, expliquer la différence entre la signification actuelle et celle que le mot avait dans le passé et qui est utilisée dans la chanson. Au temps des Patriotes, les Canadiens d'origine française se désignaient comme « Canadiens » par opposition aux « Anglais ». Il y avait dans l'utilisation du terme « Canadiens » une façon de se distinguer des conquérants britanniques.

- Que signifie « errant » ? Que signifie « banni » ? Demander aux élèves de chercher dans le dictionnaire ou de donner l'explication, selon leur niveau scolaire.

- Pourquoi le Canadien est-il errant ? Pourquoi est-il banni de ses foyers ? Expliquer l'histoire des Patriotes et de leur exil. Avec les élèves de troisième cycle, voir plus en détail les revendications des Patriotes pour la démocratie.

- Pourquoi le Canadien pleure-t-il ?

- Pourquoi dit-il que son pays est malheureux ?

Un Canadien errant

Un Canadien errant
Banni de ses foyers
Parcourait en pleurant
Des pays étrangers.

Un jour, triste et pensif,
Assis au bord des flots,
Au courant fugitif
Il adressa ces mots :

Si tu vois mon pays,
Mon pays malheureux,
Va, dis à mes amis
Que je me souviens d'eux.

Ô jours si pleins d'appas[25]
Vous êtes disparus,
Et ma patrie, hélas !
Je ne la verrai plus !

Non, mais en expirant,
Ô mon cher Canada,
Mon regard languissant
Vers toi se portera.

Antoine Gérin-Lajoie (1839)[26]

24. Cette chanson n'a pas été composée en souvenir de la déportation des Acadiens, mais bien en faisant référence à l'exil de plusieurs Patriotes.

25. Ne pas confondre « appas » et « appât ». Voir le dictionnaire.

26. Certains situent son origine en 1942.

Les grandes chansons indépendantistes

Niveau : secondaire.
Compétences disciplinaires : musique, français (langue d'enseignement), *english as a second language*.

Parmi la liste des chansons suggérées, en utiliser une pour les activités habituelles des cours de musique. Même chose pour les cours de français.

Répertoire de la musique indépendantiste

Le site suivant a conçu un répertoire de la musique indépendantiste du Québec : http://www. independance-quebec.com/musique/liste.php. On y trouve les textes d'un grand nombre de chansons :

Félix Leclerc : *Le tour de l'Île, Chant d'un patriote, La nuit du 15 novembre, L'alouette en colère, L'encan, Un soir de février.*

Sylvain Lelièvre : *Qu'est-ce qu'on a fait de nos rêves ?, Lettre de Toronto, Tu vas voter, Une fois pour toutes.*

Pauline Julien : *Mommy.*

Daniel Boucher : *Chez nous.*

Pierre Calvé : *Vivre en ce pays.*

Les Cowboys Fringants : *La sainte paix, En berne, Mon pays, Québécois de souche.*

George Dor : *Les ancêtres, Un homme libre.*

Claude Dubois : *Comme un million de gens.*

Raôul Duguay : *La Bitt à Tibi, Le lys.*

Claude Gauthier : *Le plus beau voyage, Le grand six-pieds,* Claude Gauthier chante les Patriotes.

Plume Latraverse : *1837, Depuis qu'elle marche à pied.*

Raymond Lévesque : *Bozo-les-culottes, La liberté a une histoire, Le p'tit Québec de mon cœur, Le temps de parler, Les militants, Mon Québec, Québec mon pays.*

Loco Locass : *Sheila ch'us là, Langage-toi, Malamalangue.*

Jacques Michel : *Un nouveau jour va se lever.*

Mononc' Serge : *Canada is not my country, Chrétien international, La chute du huard.*

Paul Piché : *Chu pas mal mal parti, Jean-Guy Léger, La gigue à Mitchouano, Réjean Pesant, Voilà c'que nous voulons.*

Michel Rivard : *Le cœur de ma vie.*

Gilles Vigneault : *Il me reste un pays, J'ai planté un chêne, Je m'ennuie d'un pays, Tu peux ravaler ta romance,* et le texte *Lettre de Ti-cul Lachance à son premier sous-ministre* à l'adresse : http://www.membres.lycos.fr/poetesse/souvreine/pauline/ti_cul_lachance.txt

Sur le site www.paroles.net : Richard Desjardins : *Les yankees*

Ainsi que plusieurs autres auteurs :

Les Accros furieux, Armand Guidon, Arseniq 33, Les Bons à rien, Capitaine Révolte, Carl Savard, Le cerveau, La Chicane, Les Colocs, Démence, Diane Dufresne, Jean-Pierre Ferland, FKH, Fleurdelix et les Affreux Gaulois, Pierre Flynn, Les Fous alliés, French B., Elvis Gratton, Guérilla, Henri Band, Immortellys, Ivy, La Jungle, Karlof Orchestra, Karnaj, Patrick Lafleur, Nathalie Lessard, Claude Léveillée, Livin Omies, LXIR, Maelström, Makiavel, Mes Aieux, Michel Pagliaro, Okoumé, Pénélope, Guy Pharand, La Résistance, La Révolution française, Rock et Belles Oreilles, Sabotage, Chloé Sainte-Marie, Les Skalcooliques, Starbuck et les Impuissants, States of Mind, Le Syndi-k, Jean-Philip Tanguay, Trouble Makers, Gilles Valiquette, La Vesse de Loup, Vilain Pingouin.

Le tour de l'Île (Félix Leclerc)

Pour supporter le difficile
Et l'inutile
Y'a l'tour de l'île
42 milles
De choses tranquilles
Pour oublier grande blessure
Dessous l'armure
Été, hiver,
Y'a l'tour de l'île
L'Île d'Orléans

L'île c'est comme Chartres
C'est haut et propre
Avec des nefs
Avec des arcs, des corridors
Et des falaises
En février la neige est rose
Comme chair de femme
Et en juillet le fleuve est tiède
Sur les battures

Au mois de mai, à marée basse
Voilà les oies
Depuis des siècles
Au mois de juin
Parties les oies
Mais nous les gens
Les descendants de La Rochelle
Présents tout l'temps
Surtout l'hiver
Comme les arbres
Mais c'est pas vrai
Mais oui c'est vrai
Écoute encore

Maisons de bois
Maisons de pierre
Clochers pointus
Et dans les fonds de pâturages
De silence
Des enfants blonds nourris d'azur
Comme les anges
Jouent à la guerre
Imaginaire, imaginons

L'île d'Orléans un dépotoir
Un cimetière
Parc à vidanges, boîte à déchets
U.S. parking
On veut la mettre en minijupe
And speak english
Faire ça à elle, l'Île d'Orléans
Notre fleur de lys
Ben c'est pas vrai
Ben oui c'est vrai
Raconte encore

Sous un nuage près d'un cours d'eau
C'est un berceau
Et un grand-père
Au regard bleu
Qui monte la garde
Il sait pas trop ce qu'on dit
Dans les capitales
L'œil vers le golfe ou Montréal
Guette le signal

Pour célébrer l'indépendance
Quand on y pense
C'est-y en France
C'est comme en France
Le tour de l'île
42 milles
Comme des vagues les montagnes
Les fruits sont mûrs
Dans les vergers
De mon pays
Ça signifie
L'heure est venue
Si t'as compris.

Quand les marchands anglais réclamaient l'union des deux Canada

Niveau : secondaire.
Compétences disciplinaires : histoire, éducation à la citoyenneté, français (langue d'enseignement).
Domaine général de formation : vivre ensemble et citoyenneté.

Contexte

Par sa loi de 1791, le gouvernement de Londres avait créé deux colonies séparées : le Haut-Canada, qui devint plus tard l'Ontario, et le Bas-Canada où vivait une majorité francophone constituée de « Canadiens ». Les Britanniques établis au Bas-Canada depuis la conquête n'acceptèrent jamais cette loi de 1791 qui les maintenait minoritaires au Bas-Canada. Ils trouvaient que Londres commettait une grave erreur en accordant un gouvernement distinct (« *self-government* ») à une colonie majoritairement française. Les Britanniques n'avaient pas renoncé au rêve d'assimiler les « Canadiens », mais surtout voyaient-ils avec lucidité le danger que ce peuple « étranger à l'Empire », comme ils l'appelaient dans leur pétition de 1822 à Londres, en vienne à rêver de conserver son indépendance, alors que, selon eux, l'Amérique du Nord britannique devait préserver sa prépondérance anglaise.

Les Britanniques constataient, alarmés, que la création du Bas-Canada, avec son propre gouvernement distinct, avait fait naître dans l'esprit des vaincus de 1763 l'illusion qu'un jour viendrait où ils seraient seuls maîtres de la vie politique et économique de la vallée du Saint-Laurent. Ils voyaient clairement que les intérêts à long terme de l'Amérique du Nord britannique exigeaient de placer les francophones du Bas-Canada dans une situation de « minorité politique » à l'intérieur d'un Canada uni : c'est seulement noyés dans un grand tout qu'ils en viendraient à perdre l'espoir de devenir un jour un pays indépendant.

Au printemps de 1822, Londres présenta un projet de loi prévoyant unir le Haut et le Bas-Canada. En décembre, les Britanniques (des marchands et certains citoyens connus) firent connaître leur soutien à ce projet de loi (voir l'extrait de la pétition, pages 42 et 43). Les interventions de Papineau et d'autres Patriotes, exigeant le retrait de ce projet de loi, réussirent malgré tout à en retarder l'échéance.

Après l'écrasement du mouvement des Patriotes de 1837-1838, Londres décida finalement d'imposer l'union des deux colonies et de former, en 1840, le Canada Uni. Lors de la Confédération de 1867, ce Canada Uni s'élargit à cinq colonies[27], scellant jusqu'à aujourd'hui le sort des « Canadiens »[28] en tant que minoritaires. L'histoire de 1840 à aujourd'hui est celle de la diminution progressive de la proportion de francophones dans le Canada-Uni.

Activité

• Faire lire le texte de la pétition.

• Ce texte est écrit en français archaïque. La traduction date de la fin du XIXe siècle. Avec les élèves, l'enseignante procède d'abord à un exercice de compréhension du texte.

• Discussion avec les élèves : « D'après vous, les prédictions des marchands anglais sur la « minorisation » des francophones se sont-elles avérées ? » Voir Activité 38 pour les données statistiques.

• Qu'est-ce que l'indépendance du Québec changerait à la situation ?

• Le *Rapport Durham* de 1839 est un autre texte, plus connu que cette pétition, qui explique l'importance de rendre minoritaires et d'assimiler progressivement les « Canadiens », c'est-à-dire les francophones. Il peut également constituer un excellent texte pour traiter avec les élèves de la logique qui a conduit à la Confédération. Ce rapport a été traduit et réédité : DURHAM, John George Lambton.

Le *Rapport Durham (1839)*, Montréal, Édi-tions Typo, 1990, traduction de Denis Ber-trand et Albert Desbiens.

Lord Durham (1792-1840)

Extraits de la pétition de 1822

Voici ce qu'écrivaient 1 452 marchands et autres Britanniques du Bas-Canada, dans une pétition, en décembre 1822, à Londres. Ces extraits sont tirés du *Rapport des archives canadiennes* de 1897.

« [...] *Les pétitionnaires de Sa Majesté représentent en toute humilité que la division de la ci-devant province de Québec en deux provinces[29] doit être regardée comme une mesure des plus pernicieuses. À l'époque où la division eut lieu, plus de trente ans s'étaient écoulés depuis la conquête du pays par les armes de Votre Majesté; et nonobstant la générosité sans bornes dont on avait fait preuve à l'égard des vaincus, en leur reconnaissant leurs lois et leur religion, en les admettant à la participation au gouvernement et à tous les droits des sujets bri-tanniques, et par de continuelles démonstrations de bonté à leur égard, nul progrès n'avait été fait vers aucun changement dans les principes, la langue, les coutumes et les manières qui les caractérisent comme un peuple étranger. D'après l'expérience du passé de même que par ce qu'on sait de l'effet de sentiments communs à l'humanité, on ne doit s'attendre à pareil changement tant qu'on permet au peuple conquis de régler exclusivement son propre gouvernement, et chérir et perpétuer les traits nationaux qu'il est de l'intérêt à la fois de la mère patrie et de la colonie de faire graduel-lement disparaître au moyen d'une union avec les cosujets d'origine britannique. Pour cette raison, il semblait évidemment nécessaire, en formulant une nouvelle constitution de gouver-nement, qu'on réglât la représentation de façon à assurer une juste et raisonnable influence aux sentiments et aux principes britanniques sur la conduite de la législature coloniale. Les mesures capables d'arriver à cette fin se trouvaient alors facilitées par l'augmentation de la population britannique qui avait eu lieu et par les établis-sements qu'avaient formés les loyalistes améri-cains dans les régions supérieures de la ci-devant province de Québec; et grâce auxquels un corps suffisamment nombreux de personnes d'origine britannique aurait pu être introduit dans la législature coloniale sans offenser aucun prin-cipe de justice et certainement en stricte confor-mité des dictées d'une saine politique. Eût-on à cette époque amené un pareil état de choses, ce à quoi la population canadienne-française s'attendait alors et aurait volontiers donné son adhésion, les pétitionnaires de Votre Majesté sont convaincus que la province serait aujourd'hui en toutes choses essentielles, une province anglaise.*

[...] Sans l'union, cette population gardera sa prépondérance dans le gouvernement du pays,

et naturellement elle ne cessera pas d'elle-même d'être française. Son augmentation progressive sous la protection propice de la Grande-Bretagne amènerait donc nécessairement le résultat que l'on prévoit dans le cas où l'union ne se ferait pas. Et les pétitionnaires de Votre Majesté ne peuvent omettre de noter l'étendue excessive des droits politiques qui ont été conférés à cette population au détriment de ses cosujets d'origine britannique; et ces droits politiques en même temps que le sentiment de sa croissance en force, ont déjà eu pour effet de faire naître dans l'imagination de plusieurs le rêve de l'existence d'une nation distincte sous le nom de « nation canadienne »; ce qui implique des prétentions qui ne sauraient être plus irréconciliables avec les droits de ses cosujets[30] qu'avec une juste subordination à la mère patrie. Les pétitionnaires de Sa Majesté demandent respectueusement s'il y a lieu de persister dans un système de gouvernement qui a eu de pareils résultats, et qui, dans ses conséquences ultérieures, doit exposer la Grande-Bretagne à la mortification et à la honte d'avoir à grands frais élevé jusqu'à la maturité pour l'indépendance une colonie conquise sur l'étranger, pour la voir devenir l'alliée d'une nation étrangère et le préjudice des sujets-nés[31] et de leurs descendants.

[…] Il suit de la respective situation géographique des deux provinces, que le Haut-Canada est tout à fait dépendant du Bas-Canada pour les moyens de communiquer avec la mère patrie et les autres pays. Ce n'est que par la voie du Bas-Canada que la province supérieure peut recevoir ce dont elle a besoin ou exporter les denrées qu'elle a de trop.

Le port de Québec est l'entrée commune. Ce port étant dans le Bas-Canada, les habitants du Haut-Canada ne peuvent entrer dans leur pays ni en sortir que tant que le permet le gouvernement du Bas-Canada. […] Tant que les provinces seront gouvernées par des législatures différentes, la tendance vers cette éventualité (l'union du Haut-Canada aux État-Unis)

s'accentuera par l'effet de l'établissement de voies artificielles de communication pour lesquelles l'État de New York a fait dernièrement d'énormes dépenses (construction du canal Érié commencée en 1817), et qui, dans le cas où le port de Québec deviendrait incommode pour le Haut-Canada, fourniraient à cette dernière province un moyen facile d'atteindre les ports maritimes des États-Unis; et elle sera d'autant portée à prendre cette direction que le Bas-Canada continuera à rester français.

[…] Les habitants français du Bas-Canada, aujourd'hui divisés de leurs cosujets par leurs particularités et leurs préjugés nationaux, et évidemment animés de l'intention de devenir, grâce au présent état de choses, un peuple distinct, seraient graduellement assimilés à la population britannique des deux provinces et avec elle fondus en un peuple de caractère et de sentiment britannique. Tout antagonisme d'intérêts et toute cause de différends entre les provinces seraient à jamais éteints […] le lien qui unit la colonie à la mère patrie se trouverait renforcé et la dépendance du Canada assurée à la mère-patrie d'une façon durable au grand avantage des deux pays.

Entièrement convaincus que ces biens importants et durables découleront d'une union des provinces, les pétitionnaires de Votre Majesté demandent humblement qu'il soit rendu un acte à l'effet d'unir les provinces du Haut et du Bas-Canada sous une même législature. »

---

27. Au Haut et au Bas-Canada (Ontario et Québec) sont venus s'ajouter le Nouveau-Brunswick, la Nouvelle-Écosse et l'Île-du-Prince-Édouard.

28. C'est-à-dire les francophones.

29. Allusion à l'Acte constitutionnel de 1791 qui crée le Haut-Canada (province actuelle d'Ontario) et le Bas-Canada (Québec actuel).

30. Quand il parle des cosujets, le texte fait allusion aux seuls anglophones du Canada.

31. Quand il parle de sujets-nés, le texte fait allusion aux seuls anglophones du Canada.

Visite aux musées des Patriotes

Niveau : secondaire.
Compétence disciplinaire : histoire et éducation à la citoyenneté.
Domaine général de formation : vivre ensemble et citoyenneté.

Contexte

Une visite à la Prison-des-Patriotes (Montréal), à la Maison nationale des Patriotes (Saint-Denis-sur-Richelieu) ou au musée des Patriotes (Saint-Eustache) constitue une excellente occasion de refaire un bout d'histoire du Québec. Elle permet de comprendre en partie sur quoi s'est construite la Confédération.

Cette visite doit constituer un aboutissement et non le début d'une activité. Les trois musées sont en effet des lieux symboliques qui prennent leur signification uniquement quand on connaît les circonstances et les étapes du soulèvement des Patriotes ainsi que les motivations qui ont conduit à ce soulèvement.

Les événements de 1837-38 sont riches d'enseignement. Ce soulèvement n'était pas l'indice d'un repli sur soi, mais bien une lutte pour la libération, une lutte pour le progrès social, une lutte pour la démocratie, encore naissante dans le monde de l'époque.

Bref, cette lutte se situait dans un contexte historique en filiation directe avec les révolutions française et états-unienne.

Aujourd'hui, la situation a changé. Cependant, revoir la trame historique et en tirer des leçons permet de mieux comprendre la situation du Québec, du Canada et des États-Unis de 2005.

Activité

• En classe, dans la semaine qui précède ou qui suit la fête des Patriotes[32], selon les niveaux, procéder à l'étude des textes historiques concernant la rébellion de 1837-38. On peut consulter le site de l'historien Gilles Laporte : http://cgi2.cvm.qc.ca/glaporte/index.shtml

• On peut également visionner le film *15 février 1839* de Pierre Falardeau.

• En conclusion des travaux effectués en classe, l'enseignant organise une visite à l'un des trois musées des Patriotes.

Texte de référence

Andrée Ferretti et Gaston Miron, *Les grands textes indépendantistes 1774-1992*, Montréal, Typo, 2004, pages 51 à 98.

Réservation

Maison nationale des Patriotes

Adresse : 610, chemin des Patriotes, Saint-Denis-sur-Richelieu, Québec, J0H 1K0.
Téléphone : (450) 787-3623
Site Internet : http://www.mndp.qc.ca

Prison-des-Patriotes

(La Prison-des-Patriotes est administrée par la Maison nationale des Patriotes.)
Adresse : 903, avenue de Lorimier, Montréal, Québec, H2V 3K9.
Téléphone (sans frais) : 1-888-999-1837
Site Internet : www.mndp.qc.ca
Courriel : maison.patriotes@qc.aira.com

Musée de Saint-Eustache

Adresse : 235, rue Saint-Eustache, Saint-Eustache, Québec, J7R 2L8.
Téléphone : (450) 974-5170
Site Internet : http://ville.saint-eustache. qc.ca/tourisme2003/musee_patriotes.htm

---

32. Si nous avons congé le jour de la fête des Patriotes, c'est à cause de la reine Victoria et d'une décision du gouvernement canadien. Le gouvernement du Québec a décrété la fête des Patriotes pour s'approprier une fête royaliste et fédéraliste.

La Maison nationale des Patriotes

Prison-des-Patriotes

Ministère de la Guerre ou ministère de la Paix?

Niveau : secondaire.

Compétences disciplinaires : géographie, histoire et éducation à la citoyenneté, enseignement moral, français (langue d'enseignement), mathématiques.

Domaines généraux de formation : santé et bien-être, environnement et consommation, médias, vivre-ensemble et citoyenneté.

Contexte

Au cours des cinq prochaines années, le Canada dépensera 17,76 milliards de dollars par année pour sa politique de défense. Ce budget inclut 12,7 milliards[33] gérés par le ministère de la Défense et 2,5 milliards gérés par le ministère des Anciens combattants. Il inclut également l'annonce par le gouvernement Martin, en février 2005, d'une augmentation du budget de la « défense » de 12,8 milliards sur cinq ans, soit 2,56 milliards par année.

De cette somme, les citoyens du Québec paieront plus de 4 milliards de dollars[34] par année. Un Québec indépendant disposerait donc de ce budget annuel pour établir la politique de son choix.

Déciderons-nous de transférer cet argent dans un ministère québécois de la Défense calqué sur celui du Canada? Les Québécois désirent-ils qu'il soit utilisé de la même façon?

Avant de se prononcer, il faut d'abord répondre à des questions importantes.

1) Une politique de défense sert à nous défendre contre qui?

2) Faut-il participer à la construction d'un bouclier antimissile tel que le demande le président Bush? Ce bouclier servirait-il à mieux défendre le Québec?

3) La politique de défense actuelle sert-elle à autre chose qu'à nous défendre?

4) Les armes qu'achète le Canada sont-elles bien adaptées aux missions de paix dans le monde?

5) Est-ce vrai qu'abolir le ministère de la Défense créerait beaucoup de chômage?

Par la suite, nous serons alors en mesure de répondre à la question :

6) Que pourrions-nous faire pour promouvoir la paix dans le monde, plutôt que de préparer la guerre?

> **Dépenses militaires mondiales[35]**
> En 2004, les dépenses militaires mondiales ont atteint 1 035 milliards de dollars. Près de la moitié a été dépensée par les États-Unis.
> Le chiffre d'affaires des cent principales compagnies d'armement est équivalent au produit intérieur brut (PIB) des 61 pays les plus pauvres au monde.
> Voir Activité 25 pour le détail des dépenses militaires de l'OCDE.

Texte de référence :

Jeanne D'Arc Tremblay, *La défense du Québec et la famille Tremblay*, Montréal, Fides, 1988.

Note : Jeanne D'Arc Tremblay n'est pas un individu, mais le pseudonyme d'un collectif de chercheurs.

Activité 1 : Une politique de défense sert à nous défendre contre qui?

• À l'aide d'un globe terrestre, demander aux élèves d'identifier les voisins du Canada et du Québec.

> **Réponses :** Le Canada est entouré des États-Unis, du Groënland (Danemark), des îles Saint-Pierre-et-Miquelon (France) et de la Russie (lointain voisin).
> Le Québec est entouré des États-Unis, du Groënland (Danemark), des îles Saint-Pierre-et-Miquelon (France) et du Canada.

• Demander aux élèves d'évaluer la probabilité qu'un de ces voisins envahisse le Québec (cela exclut une attaque nucléaire qui est traitée dans l'activité suivante: *Bouclier antimissile*). En cours de débat, vous pouvez ajouter les éléments suivants pour alimenter la discussion.

Îles Saint-Pierre-et-Miquelon: Depuis la venue de Charles de Gaulle au Québec, en 1967, la France a établi des liens privilégiés avec le Québec.

Groënland: Le Danemark est un pays de 4,5 millions d'habitants et il ne dispose d'aucun moyen de transport (bateaux ou avions) qui lui permettrait d'envahir un pays.

Russie: Demander aux élèves d'évaluer la distance entre la Russie et le Québec. (Réponse: plus de 6 000 km.) Considérant cette énorme distance, les Russes doivent pouvoir transporter leurs troupes et leur armement s'ils désirent s'impliquer dans un conflit avec le Québec. Or…

Les Russes n'ont aucun porte-avions! Ils ne disposent que de porte-hélicoptères.

Les avions de combat russes permettent une autonomie de vol d'environ 2 000 kilomètres. Sans porte-avions, on peut toujours les alimenter en vol grâce à des avions-citernes. Cependant, les Russes possèdent très peu d'avions-citernes capables de faire le travail.

Très peu de leurs navires peuvent transporter des troupes.

Les sous-marins russes ne servent pas à envahir un pays. Ils servent soit à la guerre nucléaire, soit à couler des bateaux qui voudraient envahir la Russie!

De plus, jamais les États-Unis ne laisseraient les Russes s'approcher aussi près de leurs frontières. Il faut souligner par ailleurs que les États-Uniens bénéficient de tout l'armement nécessaire pour envahir les pays éloignés: nombreux porte-avions, avions-citernes, navires de transport de troupes, etc.

Bref, les Russes sont trop loin et trop mal équipés pour envahir le Québec. La seule façon de nous attaquer le serait par une frappe nucléaire (voir l'activité suivante).

États-Unis: Si les États-Unis décidaient d'envahir le Canada ou le Québec, leurs forces armées sont si puissantes qu'une résistance à l'aide de chars d'assaut ou d'avions serait suicidaire pour nos soldats. Il faudrait alors songer à d'autres moyens que ceux utilisés dans une guerre classique entre deux armées.

Canada: Si des opérations militaires étaient mises en branle par le Canada pour attaquer, envahir le Québec, il est fort probable que se répéterait la suite d'événements qui a conduit au conflit qui perdure toujours en Irlande du Nord. Or, n'oublions pas que le Canada se présente comme un modèle de respect du droit international.

Conclusion: Une armée traditionnelle aurait probablement peu de poids pour empêcher nos voisins de nous envahir en utilisant des moyens militaires. Le terme «ministère de la Défense» est-il adéquat pour décrire le ministère de la Guerre du Canada?

Activité 2: Un bouclier antimissile serait-il utile pour défendre le Québec?

Dans la situation précédente, on a vu qu'il est pratiquement inutile d'acheter des armements coûteux pour nous défendre contre une hypothétique invasion de nos voisins.

Il existe cependant une autre sorte d'attaque qui, elle, pourrait dévaster le Québec. Il s'agit d'une attaque nucléaire.

Le gouvernement de Georges W. Bush aimerait bien que nous participions à la création d'un bouclier antimissile, question de partager les coûts astronomiques d'une telle entreprise. Pour le moment, le gouvernement canadien n'a pas officiellement donné son appui au projet. Cet appui n'est cependant pas exclu dans un avenir immédiat.

Quel serait l'intérêt du Québec de participer à la mise en place d'un tel bouclier? Il faut se

LE DEVOIR, LE LUNDI 6 JUIN 2005

Tombée au large de la côte est canadienne

Une fusée bourrée de produits toxiques

DEAN BEEBY

Ottawa — Une fusée d'accélération américaine qui s'est abîmée au large de la côte Est canadienne, en avril, transportait jusqu'à 2,25 tonnes de produits chimiques hautement toxiques, selon un rapport venant d'être rendu public.

Du combustible liquide — du type Aerozine-50 — se trouvait à l'intérieur de la première section de la fusée Titan IV B-30 qui fut lancée en Floride, le 29 avril.

D'une longueur de 29 mètres, la fusée auxiliaire est tombée à proximité de la plate-forme de forage pétrolier *Hibernia*, dans le secteur des Grands Bancs de Terre-Neuve, mais elle n'a causé aucun dommage aux installations pétrolières, comme l'avaient craint le premier ministre de Terre-Neuve-et-Labrador, Danny Williams, et d'autres.

Trajectoire

Un ordre d'évacuation de plusieurs plate-formes fut annulé après que les autorités américaines eurent assuré au gouvernement canadien que le risque que des débris de la fusée atteignent les installations était infime et que la fusée serait détruite si elle déviait de sa trajectoire.

La première section de la fusée contenait entre 900 et 2250 kilogrammes de produits chimiques fortement toxiques lorsqu'elle est entrée en contact avec la surface de la mer, selon un document obtenu en vertu de la Loi sur l'accès à l'information.

«On estime que le carburant restera dans les deux réservoirs lorsqu'il touchera l'eau et coulera au fond de l'océan», est-il écrit dans un plan de secours préparé par le ministère fédéral de la Sécurité publique et de la Protection civile.

Les deux substances chimiques contenues dans le carburant — de la diméthylhydrazine et du dioxyde d'azote — sont toxiques et corrosives. Le simple fait de les respirer peut causer la mort, selon des documents inclus dans le plan.

Même de lourdes combinaisons de pompier ne peuvent protéger contre les effets de ces produits. Les deux substances finissent par se dissoudre dans l'eau, la deuxième formant de l'acide nitrique toxique. La diméthylhydrazine flotte tout d'abord à la surface de l'eau puis produit des vapeurs toxiques au contact de l'air.

L'aviation américaine et la NASA avaient procédé à une étude d'impact sur l'environnement relative au lancement de la fusée Titan IV, bien que le rapport de cette étude n'ait pas été remis aux autorités canadiennes pour des «raisons de sécurité», a indiqué un porte-parole du ministère fédéral de l'Environnement, Sébastien Blois.

Presse canadienne

poser la question du point de vue du Québec et non de celui des États-Unis.

Du point de vue des États-Unis, en réalité, un tel bouclier ne sert pas tant à se protéger qu'à militariser l'espace et à accroître le contrôle que cette puissance exerce déjà sur le reste de la planète.

Qu'en est-il du point de vue du Québec ? Le seul argument public invoqué par le président Bush est qu'un tel bouclier servirait à nous protéger.

Si l'on réfléchit à la question dans cette optique, on peut se demander quelles seraient les cibles visées par d'éventuels missiles nucléaires. Ce ne serait ni Povungnituk ni Sept-Îles, mais bien des villes situées aux États-Unis. Or, c'est un fait peu connu, mais la majorité de ces cibles est située sur la côte Est. C'est sur la côte Est, par exemple, qu'on retrouve la moitié des réacteurs nucléaires. 52 des 103 réacteurs nucléaires privés de 11 États des États-Unis sont sur la côte atlantique[36].

L'objectif d'un bouclier *made in USA* étant d'empêcher que les missiles n'atteignent leurs cibles, où tentera-t-on de les détruire ?

• Demander aux élèves de tracer, à l'aide d'un globe terrestre, le chemin parcouru par les missiles avant qu'ils n'atteignent la côte Est des États-Unis. Si l'on se fie à la propagande actuelle, ces missiles peuvent provenir de la Russie, de la Chine, de l'Iran ou de la Corée-du-Nord. Il est important d'utiliser un globe terrestre (plutôt qu'une carte du monde), car cela permet de voir le trajet réel parcouru par les missiles.

• Sachant qu'il est pratiquement impossible d'abattre ces missiles lors de leur lancement ou dans la haute atmosphère, au-dessus de quel territoire les missiles seront-ils abattus avant qu'ils n'atteignent leurs cibles situées sur la côte Est des États-Unis ?

• Comme on le constate par l'exercice précédent, c'est au-dessus du Québec que la plupart des missiles seraient abattus. Sachant qu'une bombe atomique qui explose dans l'atmosphère tue beaucoup plus de personnes qu'une bombe qui saute au niveau du sol, comment qualifieriez-vous un Québécois qui paie pour un bouclier antimissile susceptible de faire exploser ces missiles au-dessus de sa tête ?

• Finalement, la décision la plus logique ne serait-elle pas de s'en tenir au traité ABM (Anti-Balistic-Missiles) entre les Soviétiques et les États-Uniens ? Ce traité interdisait la mise en place de boucliers antimissiles. L'argument était simple : sans bouclier, aucun des belligérants n'oserait utiliser l'arme nucléaire, car cela entraînerait la destruction totale des deux pays. La mise en place d'un bouclier déclencherait par contre une nouvelle course aux armements, car, de deux pays engagés dans un conflit, celui privé de bouclier antimissile s'assurerait sans doute de disposer d'un argument de dissuasion. Il construirait donc plus de missiles pour être certain de percer le bouclier de l'adversaire et de lui infliger des dégâts irréparables. C'est en se basant sur ces deux arguments que les États-Unis (!) ont convaincu les Soviétiques de signer le traité ABM, en 1972. Il est donc bien étonnant que ce soit les États-Unis qui décident aujourd'hui de se doter d'un tel bouclier.

• Dernièrement, les États-Unis ont commencé à expérimenter leur bouclier anti-missile. Faire analyser l'article de la page 49 par les élèves.

Activité 3 : La politique de défense actuelle sert-elle à autre chose qu'à nous défendre ? Si oui, à quoi sert-elle ?

Inviter les élèves à répondre à la question. Noter les réponses au tableau.

Réponses les plus fréquentes :

• À empêcher les pêcheurs étrangers de venir pêcher dans nos eaux.

• À empêcher l'importation de drogue par la mer.

• À rescaper des naufragés.

• À aider les citoyens du Québec en cas de catastrophe naturelle.

• À envoyer des soldats en mission de paix dans les autres pays.

Inviter ensuite les élèves à vérifier, par une recherche, si les interventions réelles de l'armée sont bien celles qu'ils ont nommées. On peut interroger un député, un spécialiste en pêcherie, un policier responsable de la répression des drogues, un professeur, un député, des intervenants en coopération internationale, etc.

Dans le cas des interventions en pays étrangers, les réponses méritent souvent une recherche dans les journaux et périodiques et une comparaison des points de vue. L'enseignant peut également suggérer aux élèves de regarder les nouvelles à la télévision, de louer des documentaires au vidéoclub, question de varier leurs sources.

Procéder ensuite à une comparaison des réponses en classe.

Quelques arguments peuvent être invoqués pour alimenter la discussion.

• Ce sont des garde-côtes et non des vaisseaux militaires qui font respecter les zones de pêches. Les garde-côtes ne relèvent pas du ministère de la Défense.

• Même chose pour l'interception des trafiquants de drogue.

• Les hélicoptères de la Défense sont effectivement utilisés pour rescaper les naufragés. Il en coûterait cependant moins cher d'utiliser des hélicoptères spécialement adaptés au sauvetage en mer plutôt que des hélicoptères équipés pour faire la guerre.

• De la Confédération (1867) à 1971, l'armée est intervenue 50 fois au Québec[37]. Seulement trois interventions ont servi à aider la population. Dans la quasi-totalité des cas, les interventions de l'armée étaient destinées à réprimer le mouvement ouvrier ou encore le mouvement nationaliste. Dans plusieurs cas, il y a eu des morts[38].

• Dans le cas des interventions de l'armée canadienne à l'étranger, une petite recherche montrera que ces interventions se déroulent habituellement selon les normes de la politique impérialiste états-unienne et se construisent rarement en fonction d'une véritable politique d'aide aux pays les plus démunis. Avant la guerre de 39-45, la politique d'intervention de l'armée canadienne à l'étranger s'inspirait de celle de l'Empire britannique[39].

Activité 4 : Les armes qu'achète le Canada sont-elles bien adaptées aux missions de paix dans le monde ?

Les missions de paix sont censées être des opérations policières ayant pour but d'éviter que les factions ne se tirent dessus. Pour ce genre de missions, il faut disposer d'armes légères et de véhicules tout-terrains à l'épreuve des balles et des mines.

Demander aux élèves de discuter de la pertinence d'utiliser les armements suivants (possédés par l'armée canadienne) lors de missions de paix :

• Des sous-marins, notamment les sous-marins rouillés, désuets et défectueux que nous avons achetés à l'Angleterre.

• Des chars d'assaut.

• Des avions F-18.

• Des frégates.

• Des canons antiaériens.

Arguments pour alimenter la discussion

• Toutes ces armes sont des armes offensives destinées à faire la guerre et non à maintenir l'ordre. Elles sont conçues pour des guerres conventionnelles où deux armées s'affrontent.

• On peut aussi s'interroger sur l'achat de matériel usagé de l'Angleterre. Qui profite de ces économies sur les dépenses militaires?

Activité 5: L'abolition du ministère de la Défense créerait-elle beaucoup de chômage?

Il est vrai que les dépenses militaires créent des emplois. Cependant, elles en créent moins que dans tous les autres secteurs d'activité. Ainsi, en 1980, le Bureau of Labour Statistics du gouvernement des États-Unis a produit une étude qui démontrait qu'un investissement d'un milliard de dollars créerait:

187 000 emplois s'il était investi en éducation;

139 000 emplois s'il était investi dans la santé;

100 000 emplois s'il était investi dans le bâtiment;

86 000 emplois s'il était investi dans les services publics et les programmes civils;

76 000 emplois s'il était investi dans le secteur militaire.

• En postulant que ces chiffres sont les mêmes aujourd'hui (ce qui n'est pas le cas à cause de la dévaluation du dollar), demander aux élèves de calculer combien d'emplois le Québec indépendant pourrait créer s'il investissait les 4 milliards de dollars qu'il met actuellement dans la défense canadienne:

en éducation;

dans la santé;

dans le bâtiment;

dans les services publics et les programmes civils.

• Le matériel coûte très cher au ministère de la Défense. Certains croient par ailleurs que le salaire des militaires ne dépasse guère le salaire minimum. Demander aux étudiants de comparer les salaires[40] des militaires (page suivante, sans oublier les primes) à ceux des infirmières, des enseignants et des éducateurs en service de garde.

• Le ministère canadien de la Défense emploie 13 842 Québécois (9 925 militaires et 3 917 employés civils). Cela représente 18 % de tous les effectifs du ministère de la Défense[41]. Sachant que le Québec représente 23 % de la population du Canada, combien de Québécois de plus faudrait-il embaucher pour atteindre la même proportion dans l'armée? Réponse: 3 845 Québécois.

• La population du Canada est de 32 millions d'habitants et le Québec représente 23 % de cette population. Le ministère de la Défense du Canada dépense 331 $ par habitant dans l'ensemble des dix provinces. Sachant qu'il ne dépense que 264 $ par habitant au Québec[42]:

1) Quelle est la population du Québec? Réponse: 7,36 millions d'habitants[43].

2) Combien le ministère dépense-t-il dans l'ensemble des dix provinces? Réponse: 10 592 000 000 $[44].

3) Combien dépense-t-il au Québec? Réponse: 1 943 040 000 $.

4) Combien dépenserait-il au Québec s'il y dépensait ce qu'il dépense en moyenne au Canada? Réponse: 2 436 160 000 $.

5) Combien d'argent les Québécois récupéreraient-ils de plus s'ils se retiraient de la Confédération? Réponse: 493 120 000 $.

LES SALAIRES DE BASE

GÉNÉRAUX

Rang	Salaire annuel de base
Général	207 100 $ – 238 500 $
Lieutenant général	136 700 $ – 160 900 $
Major général	119 900 $ – 141 100 $
Brigadier général	98 600 $ – 116 000 $

Les officiers généraux et les colonels reçoivent chaque année une prime de rendement pouvant aller jusqu'à 15 % de leur solde. Ils ont aussi droit à tout un éventail d'indemnités.

LES OFFICIERS SUPÉRIEURS

Colonel	86 100 $ – 101 300 $
Lieutenant colonel	93 492 $ – 99 492 $
Major	80 652 $ – 90 420 $
Capitaine	59 412 $ – 78 852 $
Lieutenant	43 176 $ – 74 436 $
Élève-officier	15 072 $ – 34 056 $

Avec un salaire variant entre 59 412 $ et 78 852 $, le capitaine n'a rien à envier à un professeur de cégep ou d'université. Aussitôt passé major, il verra sa solde éventuellement atteindre 90 420 $. Encore une fois, à ceci s'ajoutent des allocations de toutes sortes ainsi que des primes de service à l'étranger si on décide de le déployer pour des missions en dehors du Canada.

LA TROUPE

Adjudant-chef	70 128 $ – 73 068 $
Adjudant-maître	63 180 $ – 68 772 $
Adjudant	57 252 $ – 64 452 $
Sergent	51 384 $ – 60 888 $
Caporal-chef	44 736 $ – 57 048 $
Caporal	
Soldat/Recrue *	26 616 $ – 39 096 $

* Pour être admissible comme recrue dans les Forces canadiennes, on doit être citoyen canadien, jouir d'une bonne réputation, avoir au moins 17 ans, avoir terminé au moins le secondaire 3 et satisfaire aux exigences médicales. Aussitôt enrôlée, la recrue reçoit une solde de 26 616 $. Quatre ans plus tard, la jeune recrue devient automatiquement caporal, et son salaire passe à 44 736 $. Selon ses qualifications et ses obligations, le caporal va voir sa solde enrichie de toutes sortes d'allocations supplémentaires. Et en sus de ces salaires, nos soldats bénéficient de toute une gamme d'allocations qui peuvent ajouter de 10 à 25 % à leur solde de base.

LES INDEMNITÉS

Environnement	Prime annuelle
Parachutiste	2 484 $ – 3 600 $
Spécialiste en sauvetage	4 860 $ – 7 356 $
Personnel naviguant	3 048 $ – 5 796 $
Plongée	1 332 $ – 2 412 $
Service en mer	3 048 $ – 7 630 $
Service à bord d'un sous-marin	4 428 $ – 8 736 $
2e Force opérationnelle interarmées	4 956 $ – 15 251 $

NOTE : Un sergent oeuvrant au Canada au sein de la 2e Force opérationnelle interarmées verra son salaire annuel atteindre 76 140 $. L'enveloppe de paie d'un caporal-chef servant à bord d'un sous-marin pourrait osciller aux alentours de 63 000 $.

SERVICE À L'ÉTRANGER

Indemnités	Tarif mensuel
Prime de service à l'étranger – Opérations	Entre 1000 $ et 3000 $
Indemnité de difficulté	
Boni d'indemnité de difficulté	
Indemnité de risque	

NOTE : Selon le nombre de missions auxquelles il sera appelé à servir au cours de son service, le militaire recevra une prime mensuelle pouvant varier entre 1 000 $ et 3 000 $. Pour le militaire qui sert en Afghanistan, par exemple, ceci comprend une prime de service à l'étranger, une indemnité de difficulté pour le compenser des conditions de vie difficiles auxquelles il devra faire face, un boni de difficulté pour le compenser des déploiements répétés, une indemnité de risque pour compenser les risques associés à un poste spécifique.

Activité 6 : Dans un Québec indépendant, que pourrions-nous faire d'autre pour mieux promouvoir la paix dans le monde ?

• Demander aux élèves (en équipe ou individuellement) d'élaborer le budget d'un ministère de la Paix de 4 milliards de dollars. L'objectif est de trouver les meilleurs moyens d'améliorer nos relations avec les autres pays, de promouvoir la paix et d'aider la population lors d'éventuelles catastrophes, telles la crise du verglas de 1998 ou les inondations au Saguenay en 1996.

• Il serait aussi possible de réserver seulement 2 milliards de dollars pour un ministère de la Paix et de distribuer les deux autres milliards parmi les autres secteurs. Inciter les élèves à créer un programme de 2 milliards par année pour éradiquer la pauvreté au Québec.

• Avec le même postulat qu'à la question précédente, les élèves pourraient aussi proposer un programme de 2 milliards par année pour améliorer l'éducation, protéger l'environnement, produire du cinéma moins violent pour adolescents et enfants, etc. Pour lancer la discussion, à titre d'exemple, on peut noter qu'une somme de 600 millions de dollars permettrait d'embaucher 1 000 enseignants de plus dans les cégeps ainsi que 10 000 enseignants de plus dans les commissions scolaires. Quelles seraient les tâches de ces nouveaux enseignants ?

QUIZ
Qui est le commandant en chef de l'armée canadienne ?
Réponse : La représentante de la reine Élisabeth II au Canada, la gouverneure générale Michaëlle Jean.

33. *Comptes publics du Canada*, 2002-2003.

34. Les Québécois représentent environ 23 % de la population canadienne. Sur la base de 23 %, le chiffre exact est 4,084 milliards de dollars.

35. Source : Institut international de recherche pour la paix de Stockholm.

36. *Time* (Édition canadienne), 20 juin 2005.

37. Jeanne d'Arc TREMBLAY, *La défense du Québec et la famille Tremblay,* Montréal, Fides, 1988, page 211.

38. Notamment lors de la grève des cordonniers (1869), lors d'une manifestation ouvrière à Québec en 1878, lors de la grève à la Montreal Cotton de Valleyfield (1880), etc.

39. Jeanne d'Arc TREMBLAY, *Op. cit.,* pages 119 à 211.

40. Source : *Journal de Montréal*, 16 mai 2004.

41. Source : *Journal de Montréal*, 30 mai 2004.

42. Les chiffres de 331 $ et 264 $ sont tirés du *Journal de Montréal* du 30 mai 2004.

43. Il peut arriver dans ce cahier que les chiffres sur les populations varient. Il s'agit simplement d'exemples pris à des dates différentes.

44. Ce chiffre n'inclut pas toutes les dépenses militaires canadiennes.

Un ciel bleu Québec

Niveau : secondaire.
Compétences disciplinaires : science et technologie, mathématiques.
Domaines généraux de formation : santé et bien-être, environnement et consommation.

Contexte

« **Le dioxyde de carbone**, ou CO_2, est le principal gaz à effet de serre produit par l'activité humaine. Quand les carburants fossiles (pétrole, gaz naturel et charbon) sont brûlés, leur contenu en carbone s'oxyde et est rejeté sous forme de dioxyde de carbone; chaque tonne de carbone brûlé produit 3,7 tonnes de dioxyde de carbone. On estime que la consommation de carburants fossiles à l'échelle de la planète entraîne chaque année le rejet de 22 milliards de tonnes de dioxyde de carbone dans l'atmosphère, et les quantités continuent d'augmenter[45]. »

En 2003, le Canada a produit à lui seul 740 millions de tonnes de gaz à effet de serre, dont 586 provenaient des carburants fossiles[46].

« Le Québec produit deux fois moins de gaz à effet de serre *per capita* que la moyenne canadienne. En effet, grâce aux mesures proactives mises de l'avant au début des années 1970 afin de développer son potentiel hydroélectrique, le Québec se positionne aujourd'hui comme un des plus grands producteurs d'énergie renouvelable au monde.

Pour produire dans des centrales thermiques l'équivalent de l'hydroélectricité générée chaque année au Québec, il faudrait brûler une trentaine de millions de tonnes de pétrole ou une masse de charbon encore plus grande, ce qui libérerait dans l'atmosphère quelque 100 millions de tonnes de CO_2, ainsi qu'une énorme quantité d'émanations diverses associées aux pluies acides[47]. »

Émissions de gaz à effet de serre Moyenne par habitant (2001) (en tonnes d'équivalent CO_2)[48]	
Alberta	75,30
Saskatchewan	62,00
Nouveau-Brunswick	27,70
Canada	24,00
Nouvelle-Écosse	23,00
Terre-Neuve	18,60
Manitoba	18,20
Ontario	17,60
Colombie-Britannique	16,60
Île-du-Prince-Édouard	15,20
Québec	12,40

Au cours des 30 dernières années, le gouvernement fédéral a versé 66 milliards de dollars à l'industrie du pétrole, du gaz et du charbon[49], trois industries très polluantes! Ces industries sont absentes du Québec qui s'est plutôt appuyé sur l'hydroélectricité, une énergie beaucoup moins polluante.

Avec leurs impôts, les Québécois ont donc payé 15,18 milliards de dollars[50] sur une période de 30 ans pour développer des énergies polluantes ailleurs au Canada. Cela représente une dépense de 506 millions par année.

Activité

Imaginons un instant un Québec indépendant où les Québécois décideraient eux-mêmes comment dépenser ces 506 millions de dollars chaque année…

• Avec cet argent, de quel pourcentage pourrait-on augmenter le budget du ministère de l'Environnement du Québec? Ce budget s'élevait à 179 150 000 $ pour l'année fiscale se terminant le 31 mars 2004.[51]

• Diviser la classe en équipes. Demander à chaque équipe de développer un programme environnemental pour un Québec indépendant disposant d'un budget de 506 millions de dollars par année. Le programme doit au minimum inclure un volet «éducation», un volet «transport en commun[52]» et un volet «RRR» (Récupération-Recyclage-Réutilisation). Il doit aussi prévoir des mesures concernant l'énergie, l'économie d'énergie, la pollution de l'air…

45. Source : Site des changements climatiques du gouvernement du Canada.

46. Source : Environnement Canada.

47. Source : Site du gouvernement du Québec (Développement durable, Environnement et Parcs).

48. Source : Le calcul a été effectué à partir des quantités globales par province (Environnement Canada) et de la population par province lors du recensement de 2001 (Statistique Canada).

49. Source : Service de recherche du Bloc québécois.

50. Le calcul est basé sur la population du Québec qui représente 23 % de la population du Canada.

51. Source : http://www.finances.gouv.qc.ca/fr/documents/publications/PDF/vol2-2003-2004.pdf

52. Pour obtenir les chiffres pertinents et un document décrivant ces modes de transport, on peut s'adresser à l'Agence métropolitaine de transport. Un excellent document sur le nouveau tramway urbain a notamment été produit par Richard Bergeron, professionnel au service de cette agence.

Le ministère de la Forêt

Niveau : secondaire.
Compétences disciplinaires : histoire et éducation à la citoyenneté, science et technologie.
Domaine général de formation : environnement et consommation.

Contexte

Le Québec est le pays de l'eau et de la forêt. Comment se fait-il que nous ne nous soyons pas encore dotés d'un superministère de la Forêt ayant juridiction sur tous les autres ministères qui concernent la forêt ?

Pour introduire cette activité, nous allons raconter une histoire. Une histoire un peu longue, mais combien instructive !

C'est l'histoire d'un arbre, le pin blanc.

L'histoire commence sur une terre située quelques kilomètres avant que la petite rivière Maskinongé ne se jette dans la rivière Rouge.

Il y a là, sur cette terre, trois grands pins blancs. L'un des trois est vieux de 200 ans. Il mesure 1,1 mètre de diamètre et plus de 35 mètres de hauteur. Il est immense.

Immense ? Pas vraiment. Nos ancêtres l'auraient trouvé plutôt petit, car, en 1763, au moment de la conquête, une magnifique forêt de conifères s'étendait au nord du Saint-Laurent, mais aussi en Gaspésie et dans le Bas-Saint-Laurent. L'espèce la plus réputée était le pin blanc. « Des géants de 75 mètres de haut, tous disparus aujourd'hui, peuplaient cette forêt[53]. »

Au XIXe siècle, avec l'agriculture, le développement économique du Québec repose essentiellement sur l'industrie du bois. Le pin est l'espèce la plus recherchée par l'industrie. Le bois de commerce prend diverses formes. Les grands mâts destinés aux navires de la Marine royale britannique sont coupés dans les plus beaux arbres. Ils constituent le produit le plus rentable de la colonie britannique. Le bois de sciage et le bois équarri restent cependant les principaux vendeurs.

Dans les scieries, on prépare le bois d'œuvre surtout sous forme de planches et de madriers. Les billes équarries à la hache sont expédiées en Angleterre, où l'on procède souvent à un autre sciage. À l'époque, le gaspillage est considérable, puisqu'on jette 25 à 30 % de chaque arbre.

L'industrie du bois équarri se développe rapidement pour répondre à la demande de l'Angleterre, alors en guerre contre Napoléon. Le commerce transatlantique, stimulé par des impératifs économiques et stratégiques, est bientôt favorisé par un tarif préférentiel. Au même moment, en 1806, le blocus de Napoléon coupe l'Angleterre de ses fournisseurs habituels, les pays du nord de l'Europe. Les prix vont alors grimper de 300 % en deux ans. Entre 1802 et 1805, il entre en Angleterre en provenance des colonies environ 9 000 chargements de bois par année, d'environ 1,5 mètre cube chacun. En 1807, le nombre de chargements atteint 27 000 ; deux ans plus tard, 90 000 ; en 1840, plus de 500 000 ; et en 1846, 750 000. Par la suite, les exportations vers l'Angleterre fluctuent pendant 20 ans autour de 600 000 chargements par an, pour ensuite décliner jusqu'en 1914.

En 1810, seule la lisière des forêts de pins du Nouveau-Brunswick a été coupée. Le confluent des rivières Outaouais et Gatineau marque alors la limite intérieure de l'exploitation forestière en Amérique du Nord britannique. En 1835, c'est tout juste s'il reste un seul affluent de la rivière Outaouais à exploiter.

En 1850, les compagnies anglaises n'ont dévasté que les pinières en bordure du Saint-Laurent et à l'embouchure de ses principaux affluents. Les dégâts sont plus graves dans l'Outaouais. Les pins les plus accessibles de ce réseau de rivières ont été abattus. Au cours de l'année 1851, on a abattu dans l'Outaouais 197 715 pins blancs et 74 421 pins rouges.

À cette époque, cette forêt semble inépuisable. « Les réserves forestières sont aliénées à l'entreprise privée anglophone suivant des modalités établies par le Crown Timber Act de 1849. La coupe du bois s'effectue dans des concessions forestières d'une superficie de 50 milles carrés (13 000 hectares) dans les cantons non arpentés et de 25 milles carrés dans les cantons arpentés. Ces concessions sont louées pour une année par le commissaire des Terres de la Couronne ou vendues par enchères publiques ou par vente privée. En plus du permis d'exploitation, un locataire paie une rente foncière et un droit de coupe. Un propriétaire ne paie que le droit de coupe[54]. »

« Ce système d'aliénation des forêts publiques s'inspire du libéralisme économique le plus pur. Les hommes au pouvoir semblent préoccupés par un seul souci : remplir rapidement les coffres de l'État en intervenant le moins possible[55]. » De 1867 à 1901, les revenus du bois constituent entre 20 % et 30 % des revenus de l'État.

« Le système de vente des concessions forestières a permis la fondation d'empires immenses. Les sobriquets dont on affuble les grands concessionnaires (Lumber Lords : seigneurs bûcherons) en disent long sur le prestige social dont ils jouissent. Avec les lords du chemin de fer, ils sont les grands argentiers des partis politiques, notamment du Parti conservateur. On les accuse souvent de s'enrichir aux dépens du Québec, de ne pas verser les droits de coupe. L'omnipotence des commerçants explique la mise en veilleuse des lois qui tendent à éviter le gaspillage et à protéger la forêt[56]. »

W. J. Patterson, secrétaire du Montreal Board of Trade, s'est souvent inquiété dans ses rapports annuels de la dévastation des forêts. « Dans son rapport de 1872, il montre que les droits sur les bois inférieurs à 12 pouces (30 cm) de diamètre sont de 13,3 % de leur valeur marchande, alors qu'ils ne sont que de 3 % sur les bois de 20 pouces (50 cm). Le commerçant laisse donc pourrir sur place ces bois de grosseur inférieure, car les droits les rendent moins rentables[57]. »

En 1890, Joseph Xavier Perrault écrit avec justesse : « Depuis un demi-siècle surtout, on peut dire que le domaine public a été livré au pillage avec le concours inconscient de l'État. Ce qui constituait autrefois le plus beau domaine forestier du monde a été jeté en pâture à l'incurie et au gaspillage des marchands de bois qui, non contents de se faire des fortunes colossales au détriment de la Province (sic), ont tout occupé et détruit, sans préoccupation pour l'avenir[58]. »

L'imprévoyance et le favoritisme caractérisent la politique forestière du Québec du moment. « Doté de faibles revenus, administré par des hommes imbus du libéralisme économique et préoccupés par l'électoralisme, le gouvernement du Québec est beaucoup plus l'instrument des groupes mercantiles que celui de la collectivité. Dans ces conditions, il n'est pas surprenant que la politique forestière reflète davantage les intérêts des commerçants de bois que ceux de la collectivité. Ainsi, en 1871, Québec retire en moyenne 8,27 $ par mille carré en concession forestière, et l'Ontario, 113,96 $[59]. »

De nos jours, cette magnifique forêt de pins n'est plus qu'une légende. Comme on l'a vu, l'histoire du pin blanc est une histoire conflictuelle, comme la vie. À l'école, on parle rarement de l'histoire réelle... parce qu'elle est conflictuelle. C'est là une erreur dramatique, car « celui qui ne connaît pas l'histoire est condamné à la revivre[60] ! » En ne parlant pas de l'histoire réelle avec nos élèves, nous les handicapons pour la vie et pour la construction de leur avenir.

Activité

• Avec les élèves, visionner le film documentaire de Richard Desjardins, *L'erreur boréale*.

• Dégager les ressemblances entre le massacre des grands pins blancs au XIXe siècle et la situation forestière actuelle.

• Diviser les élèves en équipes. Chaque équipe détermine là politique d'un éventuel ministère de la Forêt dont le Québec indépendant se doterait.

Autres activités suggérées

• Monter avec la classe une exposition sur la forêt québécoise: son histoire, ses diverses utilisations, son impact économique, son rôle sur la qualité de l'air de la planète, etc.

• Organiser un débat à l'école sur l'utilisation de la forêt.

• Écrire une lettre aux médias. Dans cette lettre, les élèves s'expriment sur la situation actuelle. Ils peuvent aussi y faire la synthèse de leurs découvertes et de leurs conclusions.

Les emplois

Une utilisation des forêts plus soucieuse de l'environnement entraînera à court terme des pertes d'emplois dans certains secteurs. En récupérant les 506 millions de dollars que nous investissons inutilement dans les autres provinces pour les combustibles fossiles (voir Activité 12), nous pourrions convertir tous les emplois perdus en emplois qui serviraient à protéger et à assurer une utilisation durable de la forêt.

Arbres emblématiques

Il existe des arbres emblématiques pour chacune des provinces du Canada. De quelle province le grand pin blanc est-il l'arbre emblématique?
Réponse: l'Ontario. Celui du Québec est le bouleau jaune (merisier).

Textes de référence

Jean Hamelin et Yves Roby. *Histoire économique du Québec, 1851-1896*, Montréal, Fides, 1971.

John Laird Farrar. *Les arbres du Canada*, Montréal, Fides, 1996.

---

53. Jean Hamelin et Yves Roby. *Histoire économique du Québec 1851-1896*, Montréal, Fides, 1971, page 208.

54. *Ibid.*

55. *Ibid., p. 209.*

56. *Ibid.*

57. *Ibid., p. 212.*

58. *Ibid.*

59. *Ibid., p. 214.*

60. La phrase est de Karl Marx.

L'indépendance de l'Irlande

Niveau : secondaire.
Compétence disciplinaire : *english as a second language.*

Contexte

Il y a de nombreux descendants d'Irlandais au Québec. Dans certains quartiers de Montréal, Pointe-Saint-Charles par exemple, ils constituent près de 40 % des citoyens. Ce n'est pas un hasard s'ils se sont ainsi installés le long du canal Lachine. Une majorité d'Irlandais a participé, il y a plus de 150 ans, aux travaux d'élargissement de ce canal.

Les travailleurs irlandais ont immigré au Canada en grand nombre pour fuir la famine dramatique qui s'est abattue sur l'Irlande entre 1845 et 1850. On estime que, pour la seule année 1847, 110 000 Irlandais ont immigré au Canada. Cette famine a été causée par la colonisation britannique. À cette occasion, près d'un million et demi d'Irlandais ont émigré et près d'un million d'autres sont morts de faim.

Il n'y a pas souvent eu d'atomes crochus entre les Irlandais et les « Canadiens » (à l'époque, le mot « Canadiens » désignait les francophones). Pourtant, ils avaient toutes les raisons de s'unir. Ils avaient tous deux connu le joug de l'Angleterre.

En effet, les Anglais ont occupé l'Irlande à partir de 1172 avec la bénédiction du pape de l'époque. Pour obtenir leur indépendance, les Irlandais ont tenté de nombreux soulèvements, le premier ayant eu lieu en 1534. Ces rébellions ont été écrasées dans le sang par les troupes britanniques. Ce n'est qu'après de nombreuses tentatives que les Irlandais ont obtenu l'indépendance de la partie sud de l'Irlande, en 1921. Encore aujourd'hui, l'Angleterre occupe le nord de l'Irlande.

Les poètes irlandais ont chanté les héros de l'indépendance, même si ces héros sont morts et ont échoué dans leur tentative. Pour eux, ces échecs ont constitué des jalons importants dans la quête de leur indépendance. Les textes qui suivent chantent deux de ces soulèvements qui ont échoué. Ces chansons nous ont été suggérées par Mike Burns. Celui-ci est né dans le sud-ouest de l'Irlande, sur la petite île Beag Inis. Sa grand-mère et son père étaient des conteurs. Ils racontaient des histoires vieilles de centaines d'années et, les transmettant, contribuaient à maintenir vivantes la langue et l'histoire de l'Irlande. Mike Burns poursuit leur œuvre au Québec.

Activité

Faire traduire par les élèves, selon leur niveau de compétence, les textes de chansons suivants ainsi que les introductions situant le contexte de ces chansons.

La deuxième chanson est en gaélique. La version anglaise est une traduction de Mike Burns. Nous avons conservé le texte en gaélique, peut-être pour soulever la curiosité de quelques-uns des élèves.

Chanson • *Bold Robert Emmet*

Written by Tom Maguire, this song tells of the Irish patriot Robert Emmett, who after delivering his famous speech from the dock, was hung, drawn and quartered by the English at St. Catherine's church in Thomas Street, Dublin.

The [D] struggle is over, the [G] boys are [F#m] defeated,
Old [D] Ireland's [Bm] surrounded with [E7] sadness and [A7] gloom,
[D] We were [F#m] defeated and [G] shamefully [F#m] treated,
And [D] I, Robert Emmet, [A7] awaiting my [D] doom.
Hung, drawn and quartered, sure that was my sentence,
But soon I will show them no coward am I.
My crime is the love of the land I was born in,
A hero I lived and a hero I'll die.

[chorus]
Bold Robert Emmet, the darling of Ireland,
Bold Robert Emmet will die with a smile,
Farewell companions both loyal and daring,
I'll lay down my life for the Emerald Isle.

The barque lay at anchor awaiting to bring me
Over the billows to the land of the free;
But I must see my sweetheart for I know she will cheer me,
And with her I will sail far over the sea.

But I was arrested and cast into prison,
Tried as a traitor, a rebel, a spy;
But no man can call me a knave or a coward,
A hero I lived and a hero I'll die.

Hark! I hear the bell's tolling, I well know its meaning,
My poor heart tells me it is my death knell;
In come the clergy, the warder is leading,
I have no friends here to bid me farewell.

Goodbye, old Ireland, my parents and sweetheart,
Companions in arms to forget you must try;
I am proud of the honour, it was only my duty
A hero I lived and a hero I'll die.

Qui est Robert Emmet?

(Le choix de la chanson et le texte d'introduction sont de Mike Burns, conteur québécois d'origine irlandaise)

Malachy Delaney (who visited France with Emmet) and especially Robert Emmet were more than competent to 'act as credible and formidable emissaries for Ireland in their representations to France'.

Full of high hope, Emmet returned to Dublin in October 1802 and started preparing for another rising. He devoted his own fortune of £3,000 to buying muskets and manufacturing pikes.

The rising took place in 1803.

Emmet had the right idea – a surprise attack right at the top. He kept his intentions secret from all but a few followers. Unfortunately there was an explosion in the arms store in Dublin – he was experimenting with rockets – that made him put forward the date of the rising from November to July and instead of a disciplined army, Emmet saw a mob marching through the streets.

Their only victim was an elderly judge, Lord Kilwarden, who was dragged from his carriage and murdered. In despair, Emmet gave orders to stop the rising and left Dublin.

Robert Emmet could almost certainly have made good his escape but for being the true gentleman that he was. He didn't want to leave without saying goodbye to the girl he loved.

He went to Sarah Curran's house at Rathfarnham and was captured. The correspondence between them had become known to her father – the famous orator John Philpot Curran – who passed on the information to the attorney general.

Robert Emmet was tried for high treason and condemned to death on September 19, 1803. He was beheaded on the following day.

Chanson • *Sliabh na mBan*

L'introduction et la traduction en anglais sont de Mike Burns, conteur québécois d'origine irlandaise.

On the 23rd of July 1798 a body of United Irishmen assembled on Sliabh na mBan mountain in Tipperary. Their plans were known and the deliberate lighting of a signal fire at an unexpected time caused great confusion. General Sir Charles Asgill marched from Kilkenny and attacked and dispersed the rebels. The song is often attributed to Mícheál Óg Ó Longáin, the author of « Maidin Luan Chincíse »

Is oth liom féinig bualadh an lé úd
Do dhul ar Ghaeil bhochta is na céadta slad
Mar tá na méirligh ag déanamh game dinn
Á rá nach aon ní leo pike nó sleá
Níor tháinig ár major i dtús an lae chugainn
Is ní rabhamar féin ann i gcóir ná i gceart
Ach mar sheolfaí aoireacht bó gan aoire Ar
thaoth na gréine de Shliabh na mBan

Mo léan léir ar an dream gan éifeacht
Nár fhan le héirim is d'oíche stad
Go mhéadh dúiche Déiseach is Iarthar Éireann
Ag triall le chéile ón tír aneas
Bhéadh ár gcampaí déanta le fórsaí tréana
Bhéadh cúnamh Dé linn is an saol ar fad
Is ní dhíolfadh méirleach roimh theacht an aoire

Ar thaoth na gréine de Shliabh na mBan
Is tá an Francach faobhrach is a loingeas gléasta,
Le cranna géara acu ar muir le seal ;
'Sé an síorscéal go bhfuail a dtriall ar Éirinn,
Is go gcuirfid Gaeil bhocht' aris 'na gceart.
Dá mba dhóigh liom féinig go mb'fhíor an scéal úd,
Bheadh mo chroí chomh héadrom le lon ar sceach,
Go mbeadh cloí ar mheirligh is an adharc á séideach,
Ar thaobh na gréine de Shliabh na mBan.

Traduction anglaise

I lament for the defeat of that day
On the poor Irish with hundreds slaughtered
For the villains all making game of us
Saying they don't mind pikes or spades
Our major never came to us at dawn
So we were not properly ready or prepared
But like a herd of cattle with no herdsman
On the sunny side of Slievenamon

My complete sorrow for that crowd with no wisdom
Who didn't wait for the horsemen and the night's end
So the hosts of South Munster and West Ireland
Could gather together from the southern lands
Our camps would have been full of powerful forces
We would have had the help of God and the whole world
And the villain would not have betrayed us
before the herdsman came
On the sunny side of Slievenamon

For on the ocean are ships in motion,
And glad devotion on France's shore,
And rumour's telling ; « they'll now be sailing
To help the Gael in the Right once more. »
O ! if true's that story, by my hopes of glory,
Like the glad bird o'er me I'll lilt my rann!
Were the robber routed ! the Saxon flouted !
How we would shout it, old Sliabh na mBan !

Statistiques de l'immigration canadienne à Québec (1815-1914)[61]

L'évaluation de l'immigration irlandaise se chiffre à 611 000 individus pour la période s'échelonnant de 1829 à 1914, ce qui représente 14 % du nombre d'arrivées au port de Québec.

De 1832 à 1937, Grosse-Île a servi de station de quarantaine pour le port de Québec, principal lieu d'arrivée des immigrants au Canada jusqu'à la Seconde Guerre mondiale. Durant cette période, plus de 4 millions d'individus sont entrés au Canada par le port de Québec.

Année	Nombre d'immigrants	Nationalité
(1815-1828)	150 000 immigrants	Britanniques
(1829-1851)	696 000 immigrants	58,5 % Irlandais • 1,8 % Européens
(1852-1867)	398 000 immigrants	28,3 % Irlandais • 36 % Européens
(1868-1891)	662 000 immigrants	11,1 % Irlandais • 32 % Non Britanniques
(1892-1914)	1 717 000 immigrants	1,0 % Irlandais • 47 % Non Britanniques

61. Source : site Internet de Parcs Canada (Grosse-Île).

Lyrics and poems on independence of Quebec

Niveau : secondaire.
Compétence disciplinaire : *english as a second language.*

• On peut trouver un site Internet sur l'indépendance du Québec permettant de faire des exercices de traduction. L'adresse : http://english.republiquelibre.org/lyrics-poems.html

• On y trouve les originaux et les traductions de textes de chansons et de poèmes de : Félix Leclerc, Loco Locass, Les Cowboys Fringants, Gilles Vigneault, Pauline Julien, Mes Aïeux, Paul Piché, Richard Desjardins, Raymond Lévesque, Gaston Miron, Marco Micone, Mononc' Serge, Louis Fréchette, Antoine Gérin-Lajoie et Diane Dufresne.

Voici la traduction anglaise du poème *Speak What* de l'auteur Marco Micone. La version originale française suit. Voyez aussi sur le site www.republiquelibre.org le poème intitulé *Speak White*, par l'auteure Michèle Lalonde.

Speak What (Marco Micone)

It is so nice to hear you speak
of *La Romance du vin*
and of *L'Homme rapaillé*
To imagine your coureurs des bois
poems in their quivers

we are a hundred peoples who came from far away
to share your dreams and your winters
we had the words
of Montale and Neruda
the breath of the Oural
the rhythm of the haïkaï

speak what now
our parents no longer understand our children

we are strangers
to the anger of Félix
and the spleen of Nelligan

tell us of your Charter
and the red beauty of your autumns
of the dark October
and also of the Noblet
we are sensitive
to these rhythmical steps
to these locked up minds

speak what
how do you speak now
in your fancy salons
do you remember the noise of the factories?

and the voice of the foremen
you sound like them more and more

speak what now
that nobody understands you
neither in Saint-Henri nor in Montréal-Nord
there we speak
the language of silence
and powerlessness

speak what
"production, profit and percentage"
tell us of something else
of the children we will have together
of the garden we will make for them

Free yourselves from the haircloth
impose us your language
we will tell you stories
of war, torture and misery
we will say our death with your words
so you will not die
and we will speak to you
with our bastard verb
and our broken accents
of Cambodia and Salvador
of Chile and Romania
of Molise and Peloponnese
until our last breath

speak what

we are a hundred peoples who came from far away
to tell you that you are not alone

Speak What

Il est si beau de vous entendre parler
De *La Romance du vin*
et de *L'Homme rapaillé*
d'imaginer vos coureurs des bois
des poèmes dans leur carquois

nous sommes cent peuples venus de loin

partager vos rêves et vos hivers
nous avions les mots
de Montale et de Neruda
le souffle de l'Oural
le rythme des haïkus

speak what now
nos parents ne comprennent déjà plus nos
enfants
nous sommes étrangers
à la colère de Félix
et au spleen de Nelligan
parlez-nous de votre Charte
de la beauté vermeille de vos automnes
du funeste octobre
et aussi du Noblet
nous sommes sensibles
aux pas cadencés
aux esprits cadenassés

speak what
comment parlez-vous
dans vos salons huppés
vous souvenez-vous du vacarme des usines
and of the voice des contremaîtres
you sound like them more and more

speak what now
que personne ne vous comprend
ni à Saint-Henri ni à Montréal-Nord
nous y parlons
la langue du silence
et de l'impuissance

speak what
« productions, profits et pourcentages »
parlez-nous d'autres choses
des enfants que nous aurons ensemble
du jardin que nous leur ferons

délestez-vous de la haire et du cilice
imposez-nous votre langue
nous vous raconterons
la guerre, la torture et la misère
nous dirons notre trépas avec vos mots
pour que vous ne mouriez pas
et vous parlerons
avec notre verbe bâtard
et nos accents fêlés
du Cambodge et du Salvador
du Chili et de la Roumanie
de la Molise et du Péloponnèse
jusqu'à notre dernier regard

speak what

nous sommes cent peuples venus de loin
pour vous dire que vous n'êtes pas seuls

Une constitution qui protège les enfants

Niveau : secondaire.
Compétence disciplinaire : français (langue d'enseignement).
Domaine général de formation : médias.

Contexte

La constitution est le texte de loi fondamental qui met un pays au monde. Dans ce texte, à diverses époques, les « pères fondateurs »[62] ont inscrit les valeurs premières sur lesquelles il importait de construire leur nouveau pays. Dans un Québec indépendant et moderne, les pères fondateurs et les mères fondatrices préciseront les valeurs auxquelles nous tenons le plus en tant que peuple. Cette constitution devra tenir compte de la situation actuelle. Nous ne sommes plus au temps de la Révolution française ou de la révolution « américaine » (états-unienne). Bien des choses ont changé. Diverses armes de distraction (*sic*) massive telles que la télévision, les jeux vidéo, le cinéma et Internet n'existaient pas encore.

Lorsque la France et les États-Unis ont rédigé leurs constitutions, il n'y avait pas encore de Convention des droits de l'enfant. Cette convention invite les États à protéger les enfants contre les productions qui nuisent à leur bien-être.

Activité

Voici divers phénomènes modernes qui sont susceptibles de menacer la santé mentale et physique des enfants. Croyez-vous qu'il faudrait prévoir un article dans la future Constitution du Québec pour tenir compte de leurs impacts ?

L'activité peut être présentée aux élèves de diverses façons.

• Les textes suivants illustrent trois phénomènes. Les élèves sont invités à lire celui que l'enseignant choisit de distribuer.

• L'enseignant soumet les questions suivantes aux élèves.

Ces divertissements exercent-ils une influence sur les enfants ? Laquelle ? Les adultes ont-ils la responsabilité de protéger les enfants ? De quels moyens dispose-t-on pour protéger les enfants lorsqu'on est producteur, diffuseur, vendeur, parent, grand-parent, père Noël, gouvernant, professeur, grand frère, grande sœur ? Les enfants représentent-ils une partie de la population qui mérite d'être protégée ?

• Une fois que la discussion a soulevé le fond de ces questions, on invite les élèves à rédiger un article de la Constitution du Québec qui assurerait la protection des enfants contre les abus. Les élèves qui trouvent cette protection superflue sont invités à expliquer pourquoi.

Phénomène 1 : Publicité destinée aux enfants

Le Québec est le seul territoire d'Amérique du Nord à interdire la publicité télévisée destinée aux moins de 13 ans, et ce, depuis 1976. La loi a été contestée par la compagnie de jouets Irwin Toys. La Cour suprême du Canada a déclaré que la loi québécoise était valide. Malgré ce jugement, la loi a été contournée de diverses façons, sans que le gouvernement fédéral intervienne.

Par exemple, Télétoon, une chaîne francophone de dessins animés, a choisi d'établir son antenne en Alberta de façon à se soustraire à la juridiction québécoise. On trouve donc beaucoup de publicité pour enfants sur Télétoon. Québec ne peut rien faire, car la Cour suprême ne lui accorde juridiction que sur les chaînes qui diffusent à partir du Québec. Pour faire respecter cette loi, il faudrait que le gouvernement fédéral sévisse.

Bien sûr, si le Québec était indépendant, il aurait toute juridiction sur les ondes diffusées au Québec, incluant la télévision par satellite.

Croyez-vous que la Constitution du Québec devrait inclure un article sur la publicité télévisée?

Phénomène 2 : *Jackass*

Les États-Unis connaissent, depuis quelques années, une ferveur pour l'automutilation. *Jackass* est un nouveau spectacle itinérant qui se promène de ville en ville et au cours duquel on assiste à des performances de gens qui s'automutilent. Il y a même une série *Jackass* télévisée alimentée par des reportages qui viennent des quatre coins de l'Amérique du Nord. Cette série devient un sujet de conversation privilégié dans les cours d'école. Pour obtenir l'admiration de leurs pairs, des jeunes s'automutilent comme à la télévision et dans les spectacles, risquant leur santé, voire même leur vie.

Ces spectacles ont commencé à être présentés au Canada et ont attiré des foules à Montréal et à Québec en 2004.

Croyez-vous que la Constitution du Québec devrait inclure un article pour protéger les jeunes contre ce genre de spectacles et de séries télévisées? Si la Constitution n'est pas le meilleur endroit pour interdire la commercialisation de l'automutilation, comment pourrait-on le faire plus efficacement?

Phénomène 3 : Les jeux vidéo

Dans la majorité des jeux vidéo, le joueur est invité à détruire, à tuer ou à conduire une automobile de façon démente. Les représentations graphiques de ces jeux sont de plus en plus réalistes. Ils provoquent rapidement des réflexes conditionnés chez les amateurs. Dans certains jeux, on obtient des points lorsqu'on écrase une personne avec notre véhicule. On obtient plus de points si l'on écrase une femme enceinte.

Le lieutenant-colonel Dave Grossman, psychologue retraité de l'armée des États-Unis, a raconté comment on utilise des jeux vidéo pour entraîner les jeunes recrues à tuer. Il a décrit dans deux volumes[63] les techniques sophistiquées utilisées pour conditionner des humains à assassiner leurs congénères. Ces techniques sont le *réflexe conditionné* et le *conditionnement opérant*.

À diverses occasions, Grossman a témoigné publiquement de son admiration pour le Québec, le seul État d'Amérique du Nord à protéger ses enfants de la culture toxique produite dans son pays. Cela constitue un témoignage précieux pour un Québec qui veut développer la fierté des siens.

Croyez-vous que la Constitution du Québec devrait inclure un article pour protéger les jeunes contre les jeux vidéo violents? Cet article devrait-il interdire la commercialisation des jeux qui encouragent la conduite automobile dangereuse?

---

62. L'expression «pères fondateurs» est surtout utilisée aux États-Unis et au Canada.

63. D. Grossman, *On Killing: The Psychological Cost of Learning to Kill in War and Society*, Little, Brown and Co., 1996.

D. Grossman, and G. DeGaetano, *Stop Teaching Our Kids to Kill: A Call to Action Against TV, Movie and Video Game Violence,* Crown Books (Random House), 1999.

La téléviolence et le CRTC[64]
Niveau : secondaire.
Compétences disciplinaires : mathématiques,
écriture de textes variés.
Domaine général de formation : médias.

Contexte
Voir le contexte de l'Activité 6.

Activité
• L'enseignant soumet aux élèves le texte du dépliant sur la téléviolence produit par la Commission scolaire de Montréal en 2003 : www.csdm.qc.ca/CSDM/pdf/Depl_televiolence.pdf.

• Après avoir animé l'échange entre les élèves sur ce texte, il leur demande de soumettre le questionnaire qui suit à cinq adultes de leur choix.

• Les élèves rapportent à l'école les réponses recueillies et les compilent. La compilation permet la réalisation de graphiques et la rédaction d'un rapport.

---

64. Conseil de la radiodiffusion et des télécommunications canadiennes.

Questionnaire

1) Entre 1994 et 2001, les télédiffuseurs privés québécois ont augmenté la quantité de violence télévisée de 432 %[21] et le gouvernement canadien a refusé d'intervenir. Personnellement, êtes-vous en accord ou en désaccord avec la décision d'interdire la diffusion d'émissions pour enfants qui proposent la violence comme façon normale de régler les conflits?

❏ En accord
❏ En désaccord
❏ Ne sais pas

2) Depuis 1989, trois coalitions québécoises ont réclamé que les films de grande violence ne soient diffusés qu'après 22 heures. Êtes-vous :

❏ En accord
❏ En désaccord
❏ Sans opinion

3) D'après vous, quel pourcentage de la population québécoise serait en accord avec une réglementation comme celle qui est décrite dans les deux premières questions?

Réponse : _____ %

4) Les garçons consomment plus de téléviolence que les filles. Ils éprouvent beaucoup de difficulté à exprimer leurs émotions et leurs peurs, craignant l'opinion de leur entourage. L'utilisation de la peur pour capter l'attention des enfants vous semble-t-elle :

❏ Acceptable
❏ Un peu acceptable
❏ Inacceptable

5) Êtes-vous favorable à une réglementation de la téléviolence :

❏ Plus sévère
❏ Moins sévère
❏ Telle qu'elle l'est actuellement

6) Êtes-vous favorable à ce que le gouvernement québécois exerce les pleins pouvoirs en matière d'utilisation des ondes publiques sur son territoire?

❏ Oui
❏ Non
❏ Ne sais pas

Orientation professionnelle

Niveau : secondaire.
Domaine général de formation : orientation et entrepreneuriat.

Contexte

Texte[65] d'une dépêche de la Presse canadienne parue le 30 mars 2004 :

« OTTAWA (PC). Plus de 30 ans après l'instauration du bilinguisme officiel, l'anglais continue de prédominer dans la culture organisationnelle de la fonction publique fédérale, conclut une nouvelle étude de la commissaire aux langues officielles, Dyane Adam.

En fait, l'anglais est toujours considéré comme la langue de l'ascension professionnelle chez les fonctionnaires qui travaillent dans la région de la capitale fédérale (Ottawa-Gatineau).

"L'environnement de travail actuel n'offre pas [aux titulaires de postes bilingues] des chances égales de s'exprimer" en français ou en anglais, affirme Mme Adam dans un communiqué diffusé hier.

L'étude de la commissaire s'appuie sur un sondage effectué durant l'été 2003 auprès de 1 221 fonctionnaires travaillant dans la région de la capitale.

Selon le rapport, le personnel francophone a l'impression qu'en s'exprimant dans sa langue maternelle, il risque " de ne pas être reconnu à sa juste valeur" par un superviseur, de ne pas être compris par les collègues, et d'attendre plus longtemps que les autres pour des outils de travail et des cours de formation de qualité égale.

"Ainsi, le recours à l'anglais s'impose parfois comme le seul choix à la portée des francophones qui désirent progresser au sein de l'appareil fédéral", souligne Dyane Adam.

Même si 80 % des superviseurs satisfont aux exigences de bilinguisme de leurs postes dans la région d'Ottawa-Gatineau, "plusieurs cadres n'utilisent pas le français", ce qui constitue, constate la commissaire, "un obstacle important" à l'usage des deux langues dans la fonction publique.

Pire encore, l'habitude de travailler en anglais est tellement répandue dans la région de la capitale que les francophones "utilisent parfois l'anglais lorsqu'ils communiquent entre eux", lit-on dans le rapport.

L'étude cite un sondage réalisé en 2002 qui révélait que les francophones bilingues utilisent l'anglais durant une proportion de 54 % du temps au travail, alors que les anglophones bilingues n'emploient le français que 13 % du temps. De plus, les fonctionnaires bilingues rédigent 78 % de leurs documents de travail en anglais, contre seulement 22 % en français.

Le même sondage indiquait même que dans les régions du Québec où le français est la seule langue de travail au fédéral, 22 % de la documentation n'y était disponible qu'en anglais.

"Force est de constater que l'usage spontané du français comme langue de travail ne fait pas encore partie de la culture de la fonction publique", tranche la commissaire Adam.

Sur une note plus positive, l'étude dévoilée lundi assure que les francophones et les anglophones "sont tous deux en faveur d'un usage accru du français au travail". Pour rectifier la situation, Dyane Adam recommande au gouvernement de faire preuve de davantage de leadership en matière de langues officielles et de développer encore plus le bilinguisme de ses fonctionnaires. »

Activité

• Demander aux étudiants de nommer les divers types d'emplois qu'on trouve dans la fonction publique fédérale.

Réponses : économistes, administrateurs, médecins, artistes, militaires, démographes, avocats, muséologues, historiens, chercheurs, statisticiens, mathématiciens, policiers, informaticiens, infographes, imprimeurs, designers, traducteurs, ingénieurs, etc.

• Par la suite, les élèves liront le contexte de la page 71 et procéderont à une discussion en classe. Cette situation serait-elle différente si le Québec devenait indépendant ? Auriez-vous, en tant que francophones, de meilleures possibilités de promotion dans la fonction publique québécoise ?

12 NOUVELLES **LE JOURNAL DE MONTREAL** / MARDI 30 MARS 2004

Fonction publique : vaut mieux être anglophone que francophone pour monter en grade

Photo d'ARCHIVES

DYANE ADAM, commissaire aux langues officielles.

Les grands textes indépendantistes

Niveau : collégial.
Cours : Littérature québécoise (d'hier à aujourd'hui), Littérature contemporaine (d'ici et d'ailleurs), Introduction à la politique, Les grands leaders politiques, La politique au Canada et au Québec, Les fondements historiques du Québec contemporain, Idées politiques modernes, Changement social, Exploration du domaine des arts et des lettres, Projet de création : production d'une revue littéraire, Projet d'intégration dans le domaine des arts et des lettres, Poésie de langue française, Éthique et politique, Séminaire de lectures.

Plusieurs textes classiques traitant de l'indépendance peuvent être utilisés dans un grand nombre de cours. Voici trois sources proposant de tels textes.

• Andrée Ferretti et Gaston Miron. *Les grands textes indépendantistes 1774-1992*, Montréal, Éditions Typo, 2004, 677 pages.

• Andrée Ferretti. *Les grands textes indépendantistes 1992-2003*, Montréal, Éditions Typo, 2004, 363 pages.

• Site Internet : http://www.independance-quebec.com/ Ce site contient plusieurs textes sur l'indépendance. Le texte du discours de Gilles Pelletier écrit par Sylvie Rémillard (ci-dessous) provient de ce site.

Discours de Gilles Pelletier • 23 juin 2001

Un peu plus haut, un peu plus loin,
On veut tous aller un peu plus haut un peu plus loin.
On rêve tous de vivre vieux et en santé,
De faire le tour du monde.

On rêve aussi de gagner à la loterie
Et de rencontrer l'amour de sa vie,
Y en a même qui osent rêver d'un pays.

C'est bien de rêver,
C'est là que ça commence ;
Mais c'est pas là que ça finit.

J'suis un vieux capitaine,
J'ai sillonné les eaux du fleuve et du golfe Saint-Laurent,
J'ai bourlingué dans tous les théâtres
Vous m'avez accueilli chez vous, au petit écran,
Mais ce soir, sur les plaines d'Abraham,
C'est le Québécois qui est sorti.

Ce soir, j'suis v'nu vous dire
De prendre vos rêves pour la réalité,
Et la seule façon d'y arriver,
C'est d'aller un peu plus haut, un peu plus loin.

Évidemment, quand on marche vers son destin,
Faut avoir le pied marin.

Si on veut pas se mouiller,
On peut toujours rester au quai.

Ce soir, je m'adresse à tous les Québécois
Qui ont envie de bouger,
Et aux jeunes, en particulier.

J'vous trouve beaux, les jeunes
J'entends votre désir,
J'vous sens prêts à vous embarquer

J'vous sens prêts à vous embarquer
Alors que moi, faut bien le dire,
J'ai passé l'âge des grandes traversées en solitaire;
J'ai besoin d'un équipage;
Sans équipage, j'peux plus prendre la mer.
Ce soir, je suis venu vous dire
Que j'ai besoin de vous.

Je rêve de naviguer avec vous,
Mais parfois, y'a d'la brume,
Et mon horizon est bouché.

J'veux pas casser l'party
Mais j'vais quand même vous l'avouer,
Parfois, quand je pense à vous,
J'ai le cou serré :

Quand vous décrochez,
Quand vous cherchez des paradis,
Parfois, à ces moments-là,
Je m'demande, si on vous a assez aimés.

Si on vous l'a assez dit.
Et puis parfois,
Quand j'vous entends parler,
J'ai un peu peur.

Vous, vous m'inquiétez; vous dites que l'français est rebelle,
Qu'il s'laisse pas facilement apprivoiser,
Mais toutes les langues ont leurs difficultés.
Le français, c'est la clé d'notre identité.
Si vous l'aimez,
Il vous tiendra toujours la main,

Alors que si vous n'l'aimez pas assez,
Un jour, il en mourra,
Et vous serez orphelins.

Vous devez vous dire :
« Hé ! le vieux ! arrête tes grands sermons »
Ne le prenez pas mal,
J'suis pas v'nu vous faire la leçon,

Non ! Non ! Non !
Ce soir, j'suis v'nu vous dire
Que le Québec a besoin de vous.

Je vous entends et j'ai confiance ;
Je sais qu'au-delà des générations,
Nous partageons le même élan,
La même passion ;

Si vous voulez,
Nous naviguerons sur le même voilier ;
J'resterai à la barre
Pendant que vous grimperez au grand hunier.

Nous jetterons l'ancre
Pour accueillir ceux qui ont le désir de faire le voyage avec nous ;

Au passage, nous saluerons toutes les nations
Qui ont pagayé sur ces eaux,
Bien avant nous.

Nous naviguerons sur les plus grands océans
(Les humains sont partout)
En n'oubliant jamais
Que l'chemin du monde
Passe d'abord par chez nous.

Sans les vieilles souches comme moi,
Et les jeunes pousses comme vous,
Y'a pas d'voyage,
Y'a pas d'rêve,
Et y'a pas d'rendez-vous.

Ce soir, j'suis v'nu vous dire
Que le pays a besoin de nous.

Bonne fête Québec !

Le cinéma et l'indépendance

Niveau : collégial.

Cours : Langage et analyse cinématographique, Culture et médias, Exploration du domaine des arts et des lettres, Éléments de culture et de civilisation, Histoire et esthétique du cinéma, Production vidéographique, Perception de l'œuvre d'art, Projet d'intégration dans le domaine des arts et des lettres, Séminaire de lectures : littérature et cinéma.

Les films sur l'indépendance peuvent servir dans plusieurs cours de niveau collégial. Ils constituent un excellent point de départ pour une discussion ou un travail.

En psychologie, un film comme *Les ordres* décrit le climat instauré par la *Loi des mesures de guerre* de Pierre Elliott Trudeau.

En anthropologie et en sociologie, les deux premiers films d'Elvis Gratton sont provocateurs à souhait. Ils peuvent appuyer une étude comparative entre les Québécois et les autres peuples.

Films suggérés

Saint-Denis dans le temps... (1969)

Réalisateur : Marcel Carrière

Ce film historique reconstitue, en l'inscrivant en pleine actualité, la bataille de Saint-Denis, au Québec, une des rares victoires des Patriotes lors d'une rébellion désastreuse contre les Anglais, qui ensanglanta le Bas-Canada au siècle dernier. Ce film rompt avec le temps et jette dans la mêlée, outre les combattants, l'idylle de deux jeunes Québécois typiques – Gilles, le pragmatique d'esprit bourgeois et, Marie-Claire, l'idéaliste révolutionnaire – une manifestation indépendantiste filmée sur le vif, au Québec, en 1967, des témoignages et divers documents historiques. Un film qui interroge le passé pour éclairer le présent.

Source : *http://www.republiquelibre.org/cousture/films.htm*

Québec... un peu... beaucoup... passionnément... (1989)

Réalisatrice : Dorothy Todd Hénaut

Documentaire. L'histoire du nationalisme québécois à travers le regard et l'expérience de Pauline Julien, chanteuse, et de Gérald Godin, poète et politicien, tous deux engagés à promouvoir la cause de l'indépendance du Québec. Version originale anglaise : A Song for Quebec.

Source : http://www.republiquelibre.org/cousture/films.htm

Octobre (1994)

Réalisateur : Pierre Falardeau

Le 10 octobre 1970, quatre militants du Front de Libération du Québec kidnappent le ministre du Travail et de l'Immigration. Une semaine plus tard, la police retrouve le corps du ministre dans le coffre arrière de l'automobile qui a servi à l'enlèvement. Que s'est-il passé exactement pendant cette semaine? Pourquoi? Comment? Dans quelles circonstances?

Source : http://www.republiquelibre.org/cousture/films.htm

La liberté en colère (1994)

Réalisateur : Jean-Daniel Lafond

(Eh oui! Il s'agit bien du même Jean-Daniel Lafond, époux de la nouvelle représentante de la reine au Canada.)

Documentaire. Quatre personnages, qui furent au début des années 70 les acteurs d'une période mouvementée d'affirmation nationale au Québec, nous proposent un regard sur leur engagement social et politique. Au fil de leurs échanges, de séquences d'archives et de chansons de Plume Latraverse, on retrouve, le temps d'un film, Pierre Vallières, Charles Gagnon, Francis Simard et Robert Comeau.

Source : http://www.republiquelibre.org/cousture/films.htm

Quand je serai parti vous vivrez encore (1999)

Réalisateur : Michel Brault
À l'automne de 1838, François-Xavier Bouchard et plusieurs de ses compatriotes sont capturés. Jugés par un tribunal militaire, 12 Patriotes sont pendus devant la porte de la prison, sous les yeux horrifiés de leurs compagnons. Pendant plusieurs mois, des dizaines d'autres Patriotes, eux aussi condamnés à mort, attendent dans l'angoisse une exécution qui ne viendra jamais. Le film est inspiré des journaux authentiques de ceux qui vécurent ces événements.
Source : http://www.republiquelibre.org/cousture/films.htm

15 février 1839 (2000)

Long-métrage de Pierre Falardeau, réalisateur au franc-parlerlégendaire, 15 février 1839 raconte les dernières heures de la vie des patriotes De Lorimier et Charles Hindenlang.

Un pays sans bon sens (1970)

Documentaire en noir et blanc de l'Office national du film (ONF) réalisé par Pierre Perrault et produit par Tom Daly, Guy L. Coté et Paul Larose. Le réalisateur s'interroge sur la notion de pays par le biais des interventions d'un docteur en lettres, d'un professeur de français au Manitoba, d'habitants de l'Île-aux-Coudres et de peuples sans pays, les Indiens, les Bretons et les francophones du Manitoba et du Québec.

On est au coton (1970)

Documentaire en noir et blanc réalisé par Denys Arcand et produit par Guy L. Coté, Pierre Maheu et Marc Beaudet. Ce film jette un regard sur les conditions difficiles des travailleurs du textile.

L'Acadie l'Acadie ? ! ? (1971)

Documentaire en noir et blanc réalisé par Michel Brault et Pierre Perrault et produit par Guy L. Côté et Paul Larose. Un soulèvement étudiant qui se déroule à l'Université de Moncton met en lumière une des facettes de la problèmatique acadienne.

Québec, Duplessis et après (1972)

Documentaire en noir et blanc réalisé par Denys Arcand et produit par Paul Larose. Le duplessisme et la campagne électorale provinciale de 1970.

Les ordres (1974)

Long-métrage de fiction en couleur et en noir et blanc réalisé par Michel Brault, Les Ordres pose un regard critique sur les événements d'octobre 1970.

Le confort et l'indifférence (1981)

Documentaire en couleur réalisé par Denys Arcand et produit par Roger Frappier, Jean Dansereau et Jacques Gagné. Analyse de la campagne référendaire de 1980 et critique de la défaite, exprimées sous la forme de citations extraites de l'œuvre de Machiavel.

Pierre Perrault

Souveraineté et philosophie

Niveau : collégial.
Cours : Philosophie et rationalité, Conceptions philosophiques de l'être humain.

L'objectif de l'exercice présenté ici est l'étude de l'idée de souveraineté selon la méthode philosophique, qu'on peut résumer en trois verbes : poser des questions problématiques, conceptualiser et argumenter.

1. Questionner

La première étape qu'un professeur peut proposer à ses étudiants est d'interroger l'idée de souveraineté.

Pour qu'ils s'approprient la démarche philosophique, ils doivent explorer le plus grand nombre de questions possible, puis réfléchir à leurs propres interrogations pour y déceler les sous-entendus, critiquer leurs propres perceptions, en découvrir les multiples sens. Parmi ces questions, les plus philosophiques tourneront probablement autour des prototypes suivants :

Quelles sont les conditions de la souveraineté ? Qu'est-ce que « être souverain » veut dire ?

Qu'est-ce qui permet de parler d'un individu souverain et d'un peuple souverain ? (Appropriation de la notion d'échelle et des rapports entre éthique et politique.)

Quel est le rôle du citoyen dans la démarche d'un État en voie d'acquérir sa souveraineté ?

La fin et les moyens : la souveraineté est-elle une fin en soi ou un moyen d'accéder à une plus grande justice ?

2. Conceptualiser

La deuxième étape est celle de la définition, à l'aide de dictionnaires généraux et philosophiques des énoncés suivants : « Principe abstrait d'autorité suprême dans le corps politique » et « Caractère d'un État [...] qui n'est soumis à aucun autre État... »

Puis, il faut étudier les termes qui composent les définitions ainsi que les termes voisins et opposés :

• Souverain : supérieur, suprême, absence de subordination, indépendance (territoriale).

Autorité, pouvoir, puissance suprême (empire), maîtrise, État.

Capacité internationale, reconnaissance internationale, légitimité...

Entité physique ou morale qui échappe au contrôle, apte à juger par soi-même.

Autodétermination, liberté, autonomie, conscience politique, engagement...

• Dépendance, soumission, subordination, limitation, incapacité...

Les étudiants peuvent alors écrire une dissertation sur le concept de souveraineté, en déterminant un réseau d'au moins trois liens (Ex. : souveraineté-autorité, souveraineté-pouvoir de juger, souveraineté-capacité internationale), avec des exemples, ainsi que ce qui distingue le concept d'une idée qui lui serait antagonique (Ex. : souveraineté-dépendance).

Le professeur soumet aux étudiants des exemples de textes pertinents. Dans le programme des cégeps, on peut utiliser des textes de Platon (*La République*, livre VII, ou *Le Gorgias*), de Rousseau (*Le contrat social*), de Gandhi (sur l'indépendance de l'Inde), ou encore *Le Refus global* et *La Déclaration universelle des droits de l'homme*.

3. Argumenter

Enfin, à l'aide de cette étude, les étudiants seront à même de formuler un essai de réponse à l'une des questions. C'est la thèse à soutenir de façon logique, à l'aide de la conceptualisation effectuée précédemment et en réfutant au moins une objection qu'on pourrait lui opposer.

Voici quelques exemples de thèses :

• Le patriotisme est une condition morale de la citoyenneté.

• La prise en charge, par un peuple, de son propre destin national passe par l'éducation civique des citoyens.

• La souveraineté légitime du Québec est un moyen d'obtenir justice et liberté.

• L'État du Québec : du fait au droit.

L'occupation du territoire québécois

Niveau : collégial.
Cours : Le Québec, dynamique régionale, Les agents économiques.

Contexte

Dans un contexte où le Québec vit une forte décroissance démographique, le vieillissement de sa population et l'exode de ses jeunes des régions éloignées vers les grands centres urbains, quelles actions doit-on entreprendre collectivement pour assurer la vitalité de l'ensemble des régions du Québec ?

Questions de recherche pour les élèves

• Quelles sont les statistiques démographiques du Québec pour les 40 prochaines années :

- à l'égard de la natalité ?
- à l'égard du vieillissement de la population ?
- à l'égard de la migration des jeunes ?
- à l'égard de la migration des retraités ?

• En quoi consiste la politique de la ruralité du Québec ?

• Quels sont les grands principes économiques qui ont guidé le Québec de la révolution tranquille ?

• Dans un Québec indépendant, est-ce que le modèle « grands pôles économiques *versus* régions-ressources » devrait être conservé ? Si oui, pourquoi ? Si non, comment ?

Référence : Institut de la statistique du Québec, *Perspectives démographiques, Québec et régions, 2001-2051*, 2003.

Rocher Percé

On prévoit que la population de la Gaspésie va diminuer de 18 % d'ici 2026. Comment pouvons-nous inverser le phénomène ?

Taux de chômage par région administrative 2004	
Bas-Saint-Laurent	9,4 %
Saguenay-Lac-Saint-Jean	11,9 %
Capitale-Nationale	5,8 %
Mauricie	10,8 %
Estrie	7,7 %
Montréal	10,3 %
Outaouais	7,5 %
Abitibi-Témiscamingue	10,6 %
Côte-Nord et Nord-du-Québec	11,6 %
Gaspésie-Îles-de-la-madelaine	19,5 %
Chaudière-Appalaches	6,4 %
Laval	8,2 %
Lanaudière	7,6 %
Laurentides	6,8 %
Montérégie	7,1 %
Centre-du-Québec	8,3 %
Ensemble du Québec	8,5 %

Source : Statistique Canada, *Enquête sur la population active*, 2005.

Décroissance démographique
Évolution projetée dans les régions

Région	Début du déclin	Accroissement 2001-2026
En croissance		
Laurentides		28,8%
Outaouais		19,3%
Lanaudière	Pas avant 2026	17,5%
Laval		16,5%
Montréal		14,8%
Estrie		12,4%
Montérégie		11,1%
En décroissance		
Gaspésie-Îles-de-la-Madeleine		-18,3%
Côte-Nord		-18,1%
Abitibi-Témiscamingue	Avant 2001	-12,9%
Saguenay-Lac-Saint-Jean		-11,7%
Bas-Saint-Laurent		-9,9%
Mauricie		-6,4%
En transition		
Centre-du-Québec	2024	4,9%
Capitale-Nationale	2018	3,5%
Chaudière-Appalaches	2015	0,5%
Nord-du-Québec	2005	-7,0%

Source : Institut de la statistique du Québec, *Perspectives démographiques, Québec et régions, 2001-2051*, 2003, page 17.

Comprendre la peur pour mieux la vaincre

Niveau : collégial.
Cours : Introduction à la psychologie, Relations humaines, Médias et communication, Initiation pratique à la méthodologie des sciences humaines.

Contexte

C'est en 1970 que le Parti québécois, dirigé alors par René Lévesque, participait pour la première fois aux élections provinciales. Les milieux anglophones de la finance craignaient par-dessus tout l'arrivée de ce parti indépendantiste formé des Lévesque, Parizeau et compagnie. Ces derniers avaient démontré qu'ils savaient se tenir debout et ne carburaient pas à la peur.

En effet, en 1962, alors qu'il était ministre des Richesses naturelles du gouvernement Lesage, René Lévesque avait mené à bien la nationalisation de l'électricité, malgré les prévisions apocalyptiques des médias liés au pouvoir anglophone. Hydro-Québec est aujourd'hui l'un de nos leviers les plus importants pour faire avancer le Québec.

De son côté, Jacques Parizeau, jeune haut fonctionnaire et économiste formé à la London School of Economics, avait été très actif dans la création de la Caisse de dépôt et placements du Québec.

Cependant, tous les Québécois n'avaient pas encore développé d'armure contre la peur. Trois jours avant les élections de 1970, la compagnie Brink's et le Trust Royal ont organisé une prétendue fuite de capitaux vers l'Ontario. Neuf camions de la Brink's ont été nolisés pour transporter de nuit des milliers de certificats de valeurs mobilières. Le Trust Royal avait soigneusement pris soin de laisser couler l'information auprès de quelques journalistes complaisants. La caravane a évidemment fait la manchette de tous les médias du Canada. La nouvelle a eu un impact catastrophique pour le Parti québécois. Des milliers de francophones qui avaient décidé de voter pour celui-ci se sont ravisés à la dernière minute. Ils ignoraient que ce transport de valeurs mobilières n'était qu'un écran de fumée.

À la suite de cette manipulation inacceptable de l'opinion publique, un organisme a démontré qu'il ne carburait pas à la peur. La Fédération des caisses populaires Desjardins a décidé de montrer que ce méfait ne resterait pas impuni. Elle a mis sur pied une nouvelle compagnie de transport sécuritaire, la compagnie Sécur. La majorité des entreprises québécoises ont alors cessé de faire affaire avec Brink's pour retenir les services de Sécur. En fait, Brink's a fini par cesser ses activités au Québec.

Entre 1976 et 1980, des stratégies de peur ont aussi été utilisées pour tenter de faire reculer le gouvernement sur des projets de loi qui remettaient en cause certains privilèges indus. On n'a qu'à penser à la loi créant la Société de l'assurance automobile, la *Loi sur la protection du territoire agricole*, la *loi 101*, la loi qui a entraîné le « déclubbage » des clubs privés de chasse et pêche. Encore là, ces stratégies ont eu peu d'impact sur les Lise Payette, Jean Garon, Camille Laurin et consorts.

Aux référendums de 1980 et de 1995, plusieurs stratégies et arguments utilisaient la peur pour orienter le vote des Québécois. On a laissé entendre aux personnes âgées qu'elles perdraient leur pension de vieillesse. Aux immigrants, on a agité le spectre du racisme et invoqué la Charte canadienne des droits comme seul rempart contre la horde de francophones fanatiques ; on est même allé jusqu'à agiter le spectre du fascisme et du nazisme. Aux ouvriers, on a dit qu'ils perdraient leur emploi faute d'investissements étrangers.

Pour bien cerner toutes les facettes de l'âme humaine, le gouvernement fédéral a multiplié sondage sur sondage. Et ça continue ! Depuis 1994-1995, les dépenses pour les sondages[66] d'opinion du gouvernement fédéral ont augmenté de 334 %.

Bref, on a utilisé toutes les connaissances de la psychologie pour créer une psychose de peur dans la population.

Activité

L'activité suivante vise à développer l'esprit critique des étudiants face aux campagnes de peur.

• Proposer quelques lectures d'auteurs qui ont analysé le phénomène de la peur. On peut aussi proposer une recherche sur Internet avec les mots « psychologie de la peur », « mécanismes de la peur », etc. En effectuant une recherche avec les mots « manipulation par la peur », on trouve, par exemple, un texte[67] très intéressant de Noam Chomsky, *La manipulation par la peur* ; on trouve aussi un article scientifique d'Agriculture Canada[68], *Des vaches qui ont peur donnent moins de lait*, dont le titre n'est pas sans rappeler certains comportements humains !

• Inciter les étudiants à effectuer une recherche dans les médias écrits pour identifier les stratégies utilisant la peur, lors des référendums de 1980 et 1995. Diviser la classe en équipes. Répartir les équipes en leur assignant l'étude d'un des deux référendums à travers la couverture d'un journal en particulier.

• En classe, les équipes comparent leurs résultats.

• Y a-t-il des différences entre les journaux suivants ?

1) *The Gazette*

2) Les journaux contrôlés par Power Corporation (*La Presse, Le Soleil, Le Quotidien, La Tribune, Le Nouvelliste, Le Droit, La Voix de l'Est*)

3) *Le Devoir*

4) Les journaux contrôlés par Quebecor Media (*Journal de Montréal, Journal de Québec*).

• Il existe aussi des journaux hebdomadaires ou mensuels, publiés en arabe, allemand, anglais, arménien, cri, bengali, bulgare, chinois, coréen, grec, espagnol, hongrois, persan, italien, japonais, hébreu, letton, urdu, philippin, polonais, portugais, roumain, russe et vietnamien... Si la classe compte des étudiants parlant ces langues, il est aussi possible d'inclure ces journaux dans l'analyse.

• Les étudiants doivent isoler les arguments rationnels de ceux qui font appel aux émotions.

• Quels autres mécanismes psychologiques peuvent être utilisés pour contrer les campagnes de peur ?

• Construire une campagne d'information pour contrer les arguments de peur et en désamorcer les effets.

66. Rapport Léonard, volet 2, page 3, mars 2004.

67. Adresse Internet : http://www.elcorreo.eu.org/article. php3?id_article=2532

68. Adresse Internet : http://res2.agr.ca/lennoxville/excel/ vachepeur2-cowsfear2_f.htm

Le pays de l'eau

Niveau : collégial.
Cours : Économie globale, Relations économiques internationales, Les agents économiques, Actualité économique, Actualité politique internationale, Introduction à la politique, Histoire des États-Unis, La carte du monde, Géographie culturelle et politique.

Contexte

Le Québec est le pays de l'eau. Nos nappes phréatiques sont convoitées comme des mines d'or, les lacs se comptent par centaines de milliers, notre fleuve est si immense qu'il abrite les plus grandes baleines du monde.

Pourtant, la plupart des grands événements québécois sont noyés sous l'eau embouteillée Aquafina, une eau qui provient d'aqueducs de villes états-uniennes ou ontariennes.

La faune de nos lacs reste méconnue des élèves. Les rares classes qui disposent d'aquariums préfèrent y élever des poissons exotiques, plutôt que les 41 sortes de petits poissons qui fraient dans nos eaux.

Quant à notre fleuve, il est menacé par un projet de creusage.

Le fait que nous ne soyons pas un pays indépendant et que, de ce fait, nous n'ayons pas le droit de négocier nos propres traités est particulièrement angoissant en ce qui concerne l'avenir de l'eau au Québec.

L'armée des États-Unis projette de creuser la voie maritime afin d'y faire passer de gigantesques navires de 300 mètres de long. Le gouvernement états-unien s'est engagé, avec le gouvernement fédéral, dans des négociations à ce sujet. Le Québec n'étant pas un pays, il n'a pas voix au chapitre dans ces négociations.

Ceux qui croient ce projet impossible devraient rapidement se raviser, car Transport Québec a été informé[69] qu'il faut déjà prévoir les nouveaux ponts de l'autoroute 30 en fonction de cette hypothèse ! (lire page 87)

En examinant l'histoire du Canada, on constate que l'Ontario exerce une influence prépondérante sur le gouvernement canadien. Dans cette négociation, l'intérêt ontarien ne va pas du tout dans le sens de l'intérêt québécois. Le creusage de la Voie maritime aurait pour effet d'augmenter l'achalandage du port de Toronto et de diminuer de façon considérable celui de Montréal. Plusieurs bateaux n'auront plus besoin de s'arrêter à Montréal pour transborder leurs marchandises. Cela impliquerait de nouveaux emplois à Toronto et une perte d'emplois à Montréal. Les impacts successifs des élargissements du canal Lachine et de la construction de la Voie maritime sur les économies de Montréal et de Toronto ne laissent place à aucun doute quant à l'effet négatif d'un nouvel élargissement.

Mais, il y a beaucoup plus grave. Creuser le fleuve Saint-Laurent pourrait avoir un effet majeur sur l'écologie du fleuve. Si on creuse le centre du fleuve, l'eau des basses terres sera ramenée vers le centre. Le fleuve deviendrait plus étroit. Des frayères disparaîtraient, ainsi que des zones de reproduction de la faune ailée. Des produits toxiques seront remis en suspension, etc. Le site Internet d'*Eau secours* présente un argumentaire très détaillé sur les effets d'un tel creusage.

Bref, la faune, la flore et le paysage seraient gravement affectés… Tout cela pour faire passer de plus gros bateaux jusqu'à Toronto et Chicago.

Si le Québec était indépendant, il serait présent à la table des négociations. Il pourrait s'opposer à ce creusage et défendre ses propres intérêts.

Activités

A) Le ministre de l'Eau

• Les étudiants produisent un premier travail basé sur la thèse suivante : Vous êtes le nouveau ministre de l'Eau d'un Québec indépendant. Élaborez une nouvelle politique de l'eau. Au préalable, les étudiants auront lu la « Politique nationale de l'eau » sur le site du ministère du Développement durable, Environnement et Parcs du Québec : www.mddep.gouv.qc.ca.

• À la suite de ce travail, les étudiants discutent en classe des divers aspects que doit inclure une politique de l'eau : protection du fleuve, des lacs et des rivières, construction de barrages, nappes phréatiques, eau potable, eaux usées, faune et flore aquatiques, pluies acides, eaux industrielles, élevage de porcs, etc.

• Individuellement, ils rédigent ensuite un second travail qui constitue un projet de politique plus détaillé. Ce travail doit inclure des références à certaines recherches scientifiques.

B) La Voie maritime du Saint-Laurent

• Diviser la classe en trois équipes afin de préparer une simulation de négociation sur l'élargissement de la Voie maritime du Saint-Laurent.

• Chaque équipe se voit assigner la préparation de l'argumentaire d'un des trois protagonistes (USA, Canada, Québec). À l'extérieur des heures de cours, les équipes préparent leur argumentation ainsi que leur stratégie. Par exemple, les États-Unis peuvent menacer le Québec d'un boycott des importations de bois s'il refuse le projet de creusage. L'équipe représentant le Québec doit donc être prête à répondre pour résister à ce genre de chantage. Elle doit également prévoir des stratégies pour se faire appuyer par sa population.

• Quand les équipes sont prêtes, on simule la négociation en classe. Il peut alors être intéressant de prévoir un auditoire.

Textes de référence :

• Site d'Eau secours : www.eausecours.org
• Gaétan Breton. *Tu me pompes l'eau ! Halte à la privatisation*, Montréal, Triptyque.

LA PRESSE MONTRÉAL MARDI 12 AVRIL 2005

A 11

ACTUALITÉS

Le coût de l'autoroute 30 pourrait grimper

BRUNO BISSON

Le mégaprojet américain d'élargissement de la Voie maritime du Saint-Laurent pourrait faire grimper en flèche les coûts de l'autoroute 30 en obligeant le ministère des Transports du Québec à concevoir un pont beaucoup plus gros que prévu à Beauharnois.

Le directeur du bureau de projet de l'autoroute 30, Paul-André Fournier, a confirmé à *La Presse* que Transports Québec avait été avisé dès le début de ses travaux préparatoires que le nouveau pont devrait être conçu en fonction d'un projet de développement de la navigation commerciale, dont la réalisation est pourtant loin d'être assurée.

L'élargissement de la Voie maritime permettrait d'augmenter considérablement le transport des marchandises par le fleuve et les Grands Lacs. Il ouvrirait notamment le passage vers la haute mer aux navires de type Panamax.

Ces navires font presque 300 mètres de long. Ils ne peuvent pas emprunter la Voie maritime. Les écluses ne sont pas assez grandes et la Voie maritime n'est pas assez profonde pour que ces géants des mers puissent passer des Grands Lacs à l'Atlantique.

Mais selon le Corps des ingénieurs de l'armée américaine (USACE), il serait possible de surmonter ces obstacles : en construisant de plus grandes écluses ; en creusant de trois mètres le lit du fleuve et en élargissant la Voie maritime. Coût de l'opération ? Sommairement estimé à 20 milliards de dollars américains. Sa réalisation prendrait environ 60 ans.

Rendu public en février 2003, le projet figure parmi six autres stratégies imaginées par l'USACE pour améliorer la navigation commerciale dans l'ensemble du réseau qui s'étend sur 3700 kilomètres, de Montréal jusqu'à Duluth, au Minnesota.

Il a été très mal reçu dans presque tous les milieux au Canada. Aux États-Unis, la sénatrice de New York, Hillary Clinton, l'a dénoncé aussi, demandant même au président George W. Bush d'interdire tout financement pour étudier un tel projet.

Après bien des hésitations, le gouvernement canadien a quand même signé une entente de collaboration avec le gouvernement américain pour étudier des moyens d'améliorer la circulation maritime. Un premier préliminaire est attendu à la fin de 2006.

Mais pour le ministère des Transports du Québec (MTQ), la possibilité même lointaine de la réalisation du projet est devenue une préoccupation immédiate. Parce qu'un pont satisfaisant aux normes de navigation actuelles au-dessus d'une Voie maritime plus large de 10 ou 15 mètres, forcerait le MTQ à construire une infrastructure plus imposante et, forcément, beaucoup plus coûteuse.

La construction de l'autoroute 30

L'élargissement de la Voie maritime permettrait d'augmenter considérablement le transport des marchandises par le fleuve et les Grands Lacs.

entre Châteauguay et Vaudreuil-Dorion est prévue pour 2007-2009. Le projet comprend la construction de 35 kilomètres de route à quatre voies et de deux ponts. Le premier franchira le fleuve Saint-Laurent entre la municipalité de Des Cèdres, près de Vaudreuil-Dorion, et Salaberry-de-Valleyfield.

Le second surplombera la Voie maritime, entre Salaberry-de-Valleyfield et Beauharnois. C'est le plus compliqué des deux. Cela se reflète sur les coûts du projet. Selon des estimations

du MTQ, le pont de la Voie maritime pourrait coûter à lui seul jusqu'à 250 millions de dollars. C'est le quart du budget de l'ensemble du projet routier, estimé à 1 milliard.

Le pont prévu par le MTQ sera court : un peu plus de deux kilomètres. En comparaison, le pont Champlain à Montréal fait six kilomètres. Là où les choses se compliquent, c'est que ce nouveau pont, comme le pont Champlain, devra offrir un dégagement minimal de 49 mètres entre le point le plus bas de sa structure et la surface de l'eau.

Le MTQ a évidemment tenu compte de cette contrainte, absolument incontournable, dans la préparation de son projet d'autoroute. Mais son projet initial enjambait une Voie maritime de 24 mètres de largeur. Or, pour respecter les dimensions du projet favorisé par les États-Unis, la travée centrale enjambant la voie navigable devrait être beaucoup plus longue.

Plus cette travée centrale est longue

(et lourde), plus les structures d'appui doivent être fortes. Cela suppose, bien sûr, des ajustements structurels, qui ne présentent pas de défi technique particulier mais qui peuvent coûter très cher.

Cette nuance importante quant au gabarit du pont de la Voie maritime, dans le projet de la 30, ne serait apparue qu'en février dernier dans des documents techniques accompagnant un appel d'offres du Ministère pour des services de gestion de projet et d'ingénierie.

En entrevue, le directeur du projet de la 30 a admis que, depuis la réception de l'avis de la Corporation de gestion de la Voie maritime du Saint-Laurent, en 2002, aucune discussion n'a été amorcée entre cet organisme fédéral et Transports Québec. La question du gabarit nécessaire pour le pont de l'autoroute 30 reste donc entière, en attendant des décisions politiques sur l'avenir de la Voie maritime qui pourraient prendre des années avant de se préciser.

Pour en savoir plus :
Stratégies Saint-Laurent. Études sur le réseau Grands-Lacs-Voie maritime du Saint-Laurent : suivi du dossier. Juillet 2004.
www.strategiessl.qc.ca

Le ministère des Relations internationales

Niveau : collégial.

Cours : Relations économiques internationales, Les agents économiques, Actualités économiques, Actualité politique internationale, Histoire du tiers-monde, Histoire des États-Unis, Initiation pratique à la méthodologie des sciences humaines, Défis sociaux et transformation des sociétés, La carte du monde, Géographie culturelle et politique, Éléments de culture et de civilisation, Journalisme, Économie globale, Écrire pour les nouveaux médias (rédaction média/journalistique).

Contextes et activités

Voici quelques suggestions de travaux pour les étudiants.

• Ce ne sont pas tous les 190 pays du monde qui ont des échanges bilatéraux par l'intermédiaire d'ambassades, loin de là. Certains pays ont peu d'ambassades ou de consulats à l'étranger. L'échange d'ambassadeurs ou l'entretien de consulats comportent cependant des avantages importants.

Demander aux étudiants d'effectuer une recherche pour connaître l'utilité des ambassades et des consulats.

L'Islande et ses missions diplomatiques

L'Islande a bien compris l'importance des missions diplomatiques et commerciales. Malgré sa population de 290 000 habitants (moins que Laval), ce petit pays compte sur son territoire 12 ambassades et une cinquantaine de consulats. Par ailleurs, l'Islande entretient plus de 225 ambassades ou consulats à l'étranger.
Source : ministère des Affaires étrangères d'Islande

Vous êtes le nouveau ministre des Relations internationales d'un Québec indépendant. Déterminez les 20 premiers consulats ou ambassades que vous allez établir et les raisons de vos choix.

• Le budget annuel de l'ACDI (aide à l'étranger) du ministère des Affaires étrangères d'Ottawa s'élève à environ 2,3 milliards de dollars[70]. Les citoyens québécois paient donc chaque année 529 millions[71] de cette somme à même leurs taxes et impôts.

Vous êtes le nouveau ministre des Relations internationales d'un Québec indépendant. Comment utilisez-vous ces 529 millions de dollars ?

• L'aide étrangère prend généralement la forme d'un saupoudrage entre une multitude de pays pauvres. Ce saupoudrage, selon certains, ne permettrait pas vraiment à ces pays d'améliorer leur situation.

Imaginons un Québec indépendant qui accorderait la moitié des 529 millions à un seul pays, Haïti. Trois raisons motivent ce choix :

1) Haïti est de loin le pays le plus pauvre des Amériques ;

2) les Haïtiens constituent le groupe d'immigrants le plus nombreux au Québec ;

3) Haïti est un des rares pays américains où les habitants parlent français.

Une aide massive, soutenue et répartie sur une vingtaine d'années, permettrait peut-être à ce pays pauvre de se sortir plus efficacement du marasme actuel.

Quelques statistiques sur Haïti[72]

Population : 8 326 000 habitants.
Espérance de vie : 49,5 ans (Canada : 79,3 ans).
Mortalité infantile : Environ neuf fois plus élevée qu'à Cuba et aux États-Unis.
PIB par habitant : 1 613 $ (Canada : 30 936 $).

Vous êtes le nouveau ministre des Relations internationales d'un Québec indépendant. Comment répartissez-vous les 264,5 millions de dollars de cette aide annuelle accordée à Haïti?

• Le Canada calque souvent sa politique étrangère sur son voisin anglophone, les États-Unis. Pourtant, si les Amériques comptent 300 millions d'anglophones, elles comptent 330 millions d'hispanophones et 170 millions de lusophones (c'est-à-dire de langue portugaise).

Vous êtes le nouveau ministre des Relations internationales d'un Québec indépendant. Quelles politiques étrangère et commerciale allez-vous adopter à l'égard de l'Amérique (du Nord et du Sud)? Quels critères allez-vous déterminer pour l'aide à l'étranger? pour les échanges culturels? pour les interventions militaires? Quelles relations allez-vous établir avec les pays américains qui font partie de la liste noire des États-Unis? Quels principes allez-vous défendre aux Nations Unies en ce qui concerne l'indépendance des pays américains?

• Au printemps 2003, 200 000 Québécois ont bravé le froid pour s'opposer à la politique états-unienne face à l'Irak. Effectuez une recherche sur la politique états-unienne à l'égard du Proche-Orient.

Vous êtes le nouveau ministre des Relations internationales d'un Québec indépendant. Quelle politique allez-vous adopter à l'égard du conflit israélo-palestinien? de l'occupation de l'Irak par les États-Unis? de la politique internationale face au pétrole?

• En 1988, les Éditions Fides publiaient trois manuels scolaires[73] destinés à initier les étudiants de niveau collégial à l'économie internationale à travers le problème de la famine en Afrique. On y faisait l'analyse de plusieurs facteurs causant des famines récurrentes sur ce continent fertile.

Un des facteurs très importants concernait le fonctionnement des investissements étrangers. On croit, à tort, que ces investissements sont bénéfiques pour un pays. Ce mythe est fortement ancré dans l'esprit des Québécois, malgré le fait que les gens qui investissent dans les pays étrangers le fassent généralement pour faire du profit.

Dans le tome III[74], les auteurs ont effectué une recherche sur le rendement des investissements étrangers dans les pays du tiers-monde. Le tableau ci-dessous est représentatif des investissements états-uniens pour la période de 1950 à 1988.

Demander aux étudiants de calculer les retombées de ces investissements pour les habitants du tiers-monde pour chacune des années du tableau.

Demander aux étudiants de faire une recherche pour connaître les investissements actuels du Canada et des États-Unis dans le tiers-monde et les revenus de ces investissements. Cette recherche peut aussi porter sur les investissements dans certains continents ou pays précis, par exemple, le Canada et l'Afrique, ou le Canada et l'Amérique centrale.

Discussion en classe sur ces résultats.

Vous êtes le nouveau ministre des Relations internationales d'un Québec indépendant. Établissez les règles qui vont régir les investissements des entreprises québécoises dans le tiers-monde.

• Les Nations Unies ont fixé pour les pays riches l'objectif de consacrer 1 % de leur produit national brut à l'aide aux pays pauvres. Quelques pays approchent de cet objectif (voir tableau de gauche de la page suivante). Le Canada en est très loin. En 1990, il consacrait 0,44 % de son PNB à l'aide aux pays pauvres. En 2003, ce pourcentage avait fondu à 0,24 %. Le Canada dépense cinq fois plus pour ses dépenses militaires que pour l'aide internationale.

Année	Argent investi par les USA dans le tiers-monde	Revenu versés aux USA par le tiers-monde	Argent net investi dans le tiers-monde
1984	1 173 000 000$	8 012 000 000$	
1980	1 051 000 000$	13 121 000 000$	
1975	3 173 000 000$	5 274 000 000$	
1970	1 172 000 000$	3 115 000 000$	
1966	662 000 000$	2 626 000 000$	
1957	1 357 000 000$	1 670 000 000$	
1950	151 000 000$	935 000 000$	

En 2000, le produit intérieur brut du Québec s'élevait à 209 699 400 000 $[75]. Si le Québec avait alors été indépendant et s'était conformé au souhait des Nations Unies, il aurait accordé 1 % de cette somme à l'aide internationale, soit 2 096 994 000 $.

Aide internationale (OCDE 2003) % du produit national brut[76]	
Norvège	0,92 %
Danemark	0,84 %
Luxembourg	0,81 %
Pays-Bas	0,81 %
Suède	0,79 %
Belgique	0,60 %
France	0,41 %
Irlande	0,39 %
Suisse	0,39 %
Finlande	0,35 %
Angleterre	0,34 %
Allemagne	0,28 %
Australie	0,25 %
Canada	0,24 %
Espagne	0,23 %
Nouvelle-Zélande	0,23 %
Portugal	0,22 %
Grèce	0,21 %
Autriche	0,20 %
Japon	0,20 %
Italie	0,17 %
États-Unis	0,15 %

Ratio dépenses militaires / aide internationale	
(Le tableau se lit comme suit : Les dépenses militaires des États-Unis sont 25,3 fois plus élevées que leurs dépenses pour l'aide internationale, et ainsi de suite.)	
États-Unis	25,3
Grèce	19,5
Italie	11,2
Portugal	9,5
Angleterre	8,2
Australie	7,6
France	6,3
Espagne	5,2
Allemagne	5,0
Canada	5,0
Japon	5,0
Nouvelle-Zélande	4,3
Autriche	4,0
Finlande	3,4
Suisse	2,6
Suède	2,3
Belgique	2,2
Norvège	2,2
Pays-Bas	2,0
Irlande	1,8
Danemark	1,8
Luxembourg	1,1

Vous êtes le nouveau premier ministre d'un Québec indépendant. Établissez le budget de l'aide aux pays pauvres. Dans quel autre budget actuellement géré par le fédéral prendriez-vous cet argent? Pourquoi?

Dépenses militaires[77]			
Pays	% du PNB (2003)	Dépenses (2004)[78] (en dollars canadiens)[79]	Dépenses par habitant[80] (ordre décroissant)
États-Unis	3,8%	569 130 000 000$	1 936$
Norvège	2,0%	5 483 750 000$	1 210$
Angleterre	2,8%	59 251 250 000$	1 000$
France	2,6%	57 717 500 000$	960$
Grèce	4,1%	8 900 000 000$	811$
Suède	1,8%	6 798 750 000$	766$
Danemark	1,5%	4 035 000 000$	752$
Luxembourg	0,9%	305 000 000$	673$
Pays-Bas	1,6%	10 508 750 000$	651$
Australie	1,9%	12 606 250 000$	639$
Italie	1,9%	34 698 750 000$	604$
Suisse	1,0%	4 126 250 000$	576$
Belgique	1,3%	5 497 500 000$	533$
Allemagne	1,4%	42 360 000 000$	513$
Finlande	1,2%	2 596 250 000$	499$
Canada	1,2%	13 300 000 000$	422$
Japon	1,0%	53 052 500 000$	416$
Portugal	2,1%	3 893 750 000$	387$
Irlande	0,7%	1 262 500 000$	319$
Autriche	0,8%	2 406 250 000$	296$
Espagne	1,2%	11 956 250 000$	291$
Nouvelle-Zélande	1,1%	1 080 000 000$	279$

70. Comptes publics du Canada 2002-2003.

71. Cela, en considérant que la part du Québec est de 23 %, soit le pourcentage de sa population dans le Canada.

72. Source : Collectif, *L'état du monde 2005*, Montréal, La découverte/Boréal, 2004.

73. Robert Cadotte et al. (1988). *Le Nord et le Sud, un monde branché,* Montréal, Fides, 1988, 3 tomes, 401 pages.

74. *Ibid.*, page 53.

75. Institut de la statistique du Québec : http://www.stat.gouv.qc.ca (produit intérieur brut Québec).

76. OCDE (2005). Site de l'OCDE : http://www.ocde.org

77. Les chiffres de la première colonne proviennent du SIPRI (Institut international de recherche pour la paix de Stockholm). Ceux de la deuxième colonne proviennent de la même source, mais ont été convertis en dollars canadiens. Ceux de la 3e colonne ont été calculés en utilisant la deuxième colonne et les populations fournies par l'État du monde 2005 (Éd. La découverte/Boréal).

78. En dollars constants canadiens de 2003.

79. Cette somme ne comprend pas le budget du ministère des Anciens combattants, ni l'annonce du premier ministre Paul Martin selon laquelle le budget de la défense sera augmenté de 5 milliards de dollars par année au cours des cinq prochaines années. Le budget réel pour les cinq prochaines années sera de 17,76 milliards de dollars (voir Activité 11).

80. Ces ratios ont été calculés à partir de données croisées provenant de l'OCDE et du SIPRI. Ils portent sur l'année 2003.

Le ministère du Commerce équitable

Niveau : collégial.
Cours : Relations économiques internationales, Économie globale, Les agents économiques, Actualités économiques, Actualité politique internationale, Histoire du tiers-monde, Histoire des États-Unis, Défis sociaux et transformation des sociétés, Individu et société, Démarche d'intégration des acquis en sciences humaines, Idées politiques modernes, Changement social, Géographie culturelle et politique.

Contexte

A-t-on déjà réfléchi au fait que l'on paie 1,30 $ le kilo les bananes qui viennent du bout du monde, alors qu'on paie 3,28 $ le kilo les pommes qui viennent du Québec? L'explication est connue. Les multinationales contrôlent le commerce international et peuvent à souhait exploiter les travailleurs de ces pays; on paie des salaires de famine à des gens qui travaillent dans des conditions inhumaines. On asperge les plantations d'insecticides ou de fongicides sans se soucier le moindrement des travailleurs au sol. Parfois, les populations se révoltent, mais on maintient l'ordre à l'aide d'armes classiques produites ici, dans les pays riches.

Si le commerce international était vraiment équitable, nous paierions le café, les fruits, les légumes et tous les produits que nous achetons de ces pays plus cher. C'est ce que devrait commander une morale internationale qui considère que tous les humains sont égaux en droits.

Malheureusement, ce n'est pas le cas. Pour changer ça, il faudrait que les gouvernements s'impliquent et édictent des règles pour empêcher les compagnies de commettre ces abus. Et c'est possible. Il faut commencer quelque part. Des gens posent déjà individuellement des gestes d'appui au commerce équitable. Il est possible pour des gouvernements de faire la même chose.

De l'utilité des pays du tiers-monde…
En 2004, les électeurs canadiens apprenaient que M. Paul Martin avait fait enregistrer ses bateaux de la Canada Steamship Line à la Barbade. Le gouvernement canadien a ainsi perdu 103 millions de dollars[81] de taxes en sept ans.
À titre de ministre des Finances, M. Paul Martin a fait voter deux projets de loi qui encouragent les riches Canadiens à utiliser le paradis fiscal de la Barbade. Entre sa nomination (1990) comme ministre des Finances et 2002, les sommes d'argent envoyées par les riches Canadiens à la Barbade pour éviter de payer de l'impôt au Canada ont augmenté de 369%, passant de 5,1 milliards de dollars en 1994 à 23,9 milliards de dollars en 2002[82].
Est-ce là le genre de commerce équitable que le Québec indépendant voudra établir avec le tiers-monde?

LAURE WARIDEL

Acheter, c'est voter
Le cas du café

écosociété

équiterre

Activité

• Conseiller aux étudiants la lecture du livre de Laure Waridel, *Acheter c'est voter. Le cas du café*[83].

• À la suite de cette lecture, les étudiants rédigent un travail à partir de la thématique suivante : Immédiatement après l'accession du Québec à l'indépendance, le gouvernement décide d'instaurer un ministère du Commerce équitable, une première mondiale. Le Conseil des ministres décide de doter ce ministère d'un budget annuel de 500 millions de dollars. Cet argent est récupéré des quatre milliards de dollars que les Québécois paient actuellement pour le ministère canadien de la Guerre (Défense et Anciens combattants).

Le nouveau premier ministre vous nomme ministre du Commerce équitable du Québec. Établissez la politique de votre nouveau ministère. Comment allez-vous dépenser ce budget annuel de 500 millions de dollars ?

Pour alimenter la discussion…
• Équiterre : http://www.equiterre.qc.ca/
• Oxfam Québec : http://www.oxfam.qc.ca/html/politique/2003_documents.html
• Association québécoise de coopération internationale : http://www.aqoci.qc.ca/textes/textefr.html

---

81. Source : *Le Devoir*, 14 février 2004. Il s'agit d'une approximation, la compagnie refusant de dévoiler les chiffres réels.

82. Source : Service de recherche du Bloc québécois.

83. Laure Waridel, *Acheter, c'est voter. Le cas du café*, Montréal, Éd. Écosociété et Équiterre, 2005.

Le commanditaire

Niveau : collégial.
Cours : la plupart des cours.

Contexte

En 2004 et 2005, les Québécois qui regardaient vers Ottawa ont eu l'impression de suivre en direct le tournage d'un film qui aurait pu s'intituler *L'Arnaque*, *Le Commanditaire* ou encore *La filière québécoise, italienne* ou *barbadienne*. Qui de Jean Chrétien, Alphonso Gagliano ou Paul Martin, jouait le rôle du vilain ? Finalement, tout le monde a convenu d'un titre : *Le scandale des commandites*.

Dans un an, qui se souviendra de ce scénario digne d'Hollywood et des passions qu'il a soulevées ? Malgré leur devise[84], les Québécois ont la mémoire courte.

La devise du Québec a-t-elle été choisie en pensant à une maxime encore plus célèbre : « Celui qui ne connaît pas l'histoire est condamné à la revivre ! » ? Rien de moins sûr ! Quoi qu'il en soit, cela nous ramène au devoir qui nous incombe en tant qu'éducateurs ; si nous voulons éviter que les générations qui nous suivent ne reproduisent les erreurs que nous avons faites, il nous faut contribuer à nourrir la mémoire collective.

L'aspect « scandaleux » du scandale des commandites, c'est bien sûr le détournement de millions de dollars en pots-de-vin attribués aux amis du régime, et le détournement d'une partie de cet argent vers la caisse électorale du Parti libéral. Mais le scandale, c'est surtout les 793 millions[85] de dollars que le gouvernement fédéral a injectés dans un fonds secret, entre 1992 et 2004, afin de s'opposer à l'indépendance du Québec. Cette « réserve pour l'unité nationale » n'a été connue du public qu'en 2004. Seule une décision venue du plus haut niveau, celui du premier ministre, pouvait permettre une telle organisation. Pour que celle-ci fonctionne, il fallait aussi la collaboration pleine et entière du ministre des Finances afin de camoufler ce fonds secret.

Sept cent quatre-vingt-treize millions, c'est sans compter l'argent qui a été investi de façon officielle par les divers ministères en faveur de l'unité nationale. Le ministère du Patrimoine canadien, par exemple, investissait quatre millions par année[86] pour promouvoir « l'unité nationale ». Cela ne tient pas compte du tout nouveau scandale rendu public en janvier 2006 par Normand Lester et Robin Philpot à propos d'Option Canada. (Voir *Les secrets d'Option Canada*, Les Éditions des Intouchables, 2006.)

Comment s'opposer à des moyens de propagande aussi colossaux ? Il y a de quoi déprimer le simple citoyen qui veut convaincre son voisin des avantages de l'indépendance.

Cependant, la situation est loin d'être aussi désespérée qu'elle n'en a l'air, car ces centaines de millions investis en drapeaux, en panneaux publicitaires et en mercenaires ne peuvent rien contre des milliers de citoyens ordinaires unis et convaincus du bien-fondé de leur projet.

Il n'en reste pas moins que la mise sur pied de ce fonds secret constitue une atteinte grave à la démocratie. L'existence de cette caisse occulte démontre bien que la démocratie a été malmenée en 1995 et qu'elle risque de l'être de nouveau lors du prochain référendum. Tous les citoyens sont censés être égaux au moment d'un vote référendaire. La loi québécoise respecte cette règle en limitant les dépenses des tenants du OUI et du NON pendant la période référendaire.

La réserve pour l'unité nationale

« C'est l'ancien premier ministre conservateur Brian Mulroney qui, en 1992, avait mis sur pied la première réserve pour l'unité nationale, dotée d'une cinquantaine de millions de dollars par année. Elle devait servir à financer des activités liées à l'accord constitutionnel de Charlottetown. À son arrivée au pouvoir, en 1993, Jean Chrétien a maintenu la réserve. Puis, en 1996, il en a fait modifier les règles d'utilisation.

Cette année-là, on s'est servi de la réserve pour financer le programme de commandites par lequel 100 millions ont été versés à des firmes de publicité proches des libéraux. En 1997, la même chose s'est répétée.

En 1995, année référendaire au Québec, le budget de la réserve a bondi à 85 millions, mais on ne sait toujours pas exactement à quoi ces sommes ont servi. »

Le Devoir, 3 avril 2004

Activité

• Demander aux étudiants d'effectuer une recherche dans les médias écrits pour retracer l'histoire du scandale des commandites. Diviser la classe en équipes. Répartir les équipes en leur assignant l'étude d'un journal en particulier. Distinguer, d'une part, les articles d'information et, d'autre part, les articles d'opinion (éditoriaux et chroniques).

• La période d'étude peut débuter avec la publication du rapport de la vérificatrice générale (10 février 2004) ou, mieux encore, au moment où le Bloc québécois commence à poser des questions sur le sujet. Il est également possible de choisir une période plus limitée, à partir du témoignage explosif de Jean Brault[87], par exemple.

• En classe, les équipes comparent leurs résultats.

Y a-t-il des différences entre les journaux suivants :

1) *The Gazette*
2) Les journaux contrôlés par Power Corporation (*La Presse, Le Soleil, Le Quotidien, Le Nouvelliste, La Tribune, La Voix de l'Est, Le Droit*)
3) *Le Devoir*
4) Les journaux contrôlés par le groupe Quebecor Media (*Journal de Montréal, Journal de Québec*).

Optionnel

• Développer un argumentaire pour convaincre votre voisin de résister à la propagande camouflée véhiculée par le gouvernement fédéral.

• L'année du référendum de 1995, le gouvernement fédéral a dépensé 85 millions de dollars[88] dans le fonds secret de l'unité nationale. Au Québec, la *Loi sur la consultation populaire* limitait les dépenses du camp du NON et du camp du OUI à 5 086 979 millions de dollars chacun. Le livre *Les secrets d'Option Canada*, de Normand Lester et Robin Philpot[89], révèle l'injection de 5,2 millions de dollars supplémentaires dans le Comité pour le NON. Qu'en pensez-vous ?

• Quels sont les effets sur la population d'une telle campagne de marketing quand les citoyens ne connaissent pas les dessous de son organisation ? Quels sont les effets quand les citoyens apprennent qu'il s'agit d'un fonds secret qui vise à les manipuler ?

té scandale des commandites

LE JOURNAL DE MONTRÉAL / SAMEDI 28 FÉVRIER 2004

1,6 M$ envolés en montgolfières

Le gouvernement fédéral a dépensé plus de 1,6 million $ en deux ans pour faire voler trois montgolfières appartenant à un homme d'affaires proche du Parti libéral.

MATHIEU TURBIDE

EXCLUSIF
journal montréal

Selon des documents consultés par le *Journal de Montréal*, le gouvernement a utilisé le controversé programme des commandites pour verser un total de 1 611 000 $ à la firme Leroux et associés, d'Ottawa, pour la location de trois montgolfières aux formes de différents symboles du Canada.

Le premier ballon a la forme d'une immense feuille d'érable, le second est un drapeau canadien et le troisième représente un gendarme de la GRC sur un cheval.

Photo PC

Rhéal Leroux

Le gouvernement a donné 660 000 $ pour la location des deux premières montgolfières en 1997-1998 et 951 000 $ pour la location des trois ballons en 1998-1999.

Comme tous les autres dossiers du programme des commandites, des firmes de communications – dans ce cas-ci Gosselin Communications Stratégiques inc.- ont touché des commissions de 15 % simplement pour transmettre les chèques du gouvernement.

Ces montgolfières n'ont pourtant coûté qu'environ 100 000 $ chacune à l'homme d'affaires franco-ontarien.

Proche de Jean Chrétien

M. Leroux est considéré comme un proche de Jean Chrétien et de l'ancienne ministre du Patrimoine, Sheila Copps. Il a d'ailleurs longtemps contribué à la caisse électorale du Parti libéral du Canada et à celle de la campagne au leadership de Sheila Copps contre Paul Martin, l'an dernier.

Selon des sources bien informées dans le monde des montgolfières, les montants versés pour ces locations sont «nettement exagérés». «Si vous entendez parler de d'autres contrats de même, dites-le moi, je vais les prendre», a commenté sarcastiquement l'un deux.

Une autre source a parlé de «scandale», en citant de nombreux exemples de montgolfières promotionnelles qui n'ont jamais coûté aussi cher à louer. «Regardez la montgolfière des Pages Jaunes ou celle de ReMax», a suggéré notre informateur.

Il existe aussi des exemples gouverne-

mentaux de montgolfières utilisées pour la promotion. Celle du gouvernement du Québec associée au Festival des montgolfières de Saint-Jean-sur-Richelieu «n'a jamais coûté aussi cher que cela». «Jamais de la vie», a mentionné un pilote.

La Ville de Gatineau a aussi eu sa montgolfière pour promouvoir sa municipalité et son festival, mais les coûts totaux d'opération de l'appareil ne dépassaient pas les 100 000 $ annuellement, incluant le coût de fabrication du ballon.

Photo LE JOURNAL

LE GOUVERNEMENT FÉDÉRAL a versé plus de 1,6 M$ pour louer trois montgolfières très «canadiennes», dont on voit ici deux modèles.

«Ça ne vole pas haut, ça...»

Dépenser 1,6 million $ pour louer trois montgolfières, c'est totalement «révoltant», estime le critique du Bloc québécois en matière de comptes publics, Odina Desrochers.

MATHIEU TURBIDE

«L'enquête le démontrera, mais on dirait que ces firmes-là qui ont aidé le Parti libéral se sont fait dire qu'elles allaient être récompensées grassement pour leurs services», a affirmé M. Desrochers.

À son avis, ce «scandale des montgolfières» est un autre exemple du genre de patronage qui règne au sein du Parti libéral.

«En tout cas, ça ne vole pas haut, ça...», a-t-il conclu.

Scandale à Ottawa (Martin pointant vers Gagliano)
« C'est pas moi, c'est lui ! »

· LES ACTUALITÉS ·

Caisse secrète : Ottawa
tarde à livrer l'information

SYLVAIN LAROCQUE
PRESSE CANADIENNE

Ottawa — Plus d'une semaine après avoir promis de rendre publique la liste des événements et programmes financés par la réserve secrète pour l'unité nationale, le gouvernement Martin n'avait toujours rien à dévoiler hier.

Plus de 400 millions de dollars y ont pourtant été dépensés en dix ans.

Aux Communes, les partis d'opposition n'ont pas manqué d'attaquer les libéraux pour leur lenteur à réaliser leurs promesses. Ils craignent que des élections ne soient déclenchées avant que la lumière ne soit faite sur l'affaire.

«Comment le gouvernement libéral a-t-il pu gérer un fonds occulte de 400 millions et ne pas savoir lui-même où l'argent est allé?», a demandé le député conservateur Jason Kenney.

En l'absence du président du Conseil du trésor, Reg Alcock, son secrétaire parlementaire, le député Joe Jordan, a dit que l'identification des projets financés par la réserve est un «processus compliqué».

La mémoire qui flanche

M. Jordan a laissé entendre que les libéraux ne se rappellent plus très bien le chemin emprunté par ces fonds.

«Nous diffuserons l'information aussitôt que le gouvernement sera en mesure de fournir un portrait complet de ce qui s'est passé», a-t-il expliqué.

Mercredi dernier, pourtant, M. Alcock martelait que les sommes dépensées dans le cadre de la réserve figuraient dans les comptes publics du gouvernement et que n'importe qui pouvait les retracer facilement. Le lendemain, le cabinet du premier ministre intervenait et promettait de divulguer une liste des événements et programmes financés par la réserve «d'ici la fin de la semaine [dernière]».

Hier, personne au gouvernement n'a voulu formuler de nouvel échéancier.

C'est l'ancien premier ministre conservateur Brian Mulroney qui, en 1992, avait mis sur pied la première «réserve pour l'unité nationale», dotée d'une cinquantaine de millions de dollars par année. Elle devait alors servir à financer des activités liées à l'accord constitutionnel de Charlottetown.

À son arrivée au pouvoir, en 1993, Jean Chrétien a maintenu la réserve. Puis, en 1996, il en a fait modifier les règles d'utilisation. Cette année-là, on s'est servi de la réserve pour financer le programme de commandites par lequel 100 millions ont été versés à des firmes de publicité proches des libéraux. En 1997, la même chose s'est répétée.

En 1995, année référendaire au Québec, le budget de la réserve a bondi à 85 millions, mais on ne sait toujours pas exactement à quoi ces sommes ont servi. Jusqu'ici, le gouvernement s'est contenté de dire qu'il a utilisé la réserve pour financer des échanges de jeunes Canadiens, le Centre Terry-Fox et des événements dans le cadre de la fête du Canada. Des sources indiquent que la subvention fédérale récemment accordée au Grand Prix de F1 de Montréal pour assurer son maintien provenait de la réserve pour l'unité.

Dans le but de rompre avec l'ère Chrétien, le ministre des Finances, Ralph Goodale, a annoncé dans son budget de la semaine dernière qu'il abolissait la réserve pour l'unité nationale. Des projets déjà autorisés continueront néanmoins d'être financés par cette enveloppe jusqu'en 2006-07.

Reg Alcock

Par ailleurs, un rapport interne révélait récemment que le ministère du Patrimoine canadien n'arrivait pas à mesurer l'impact de ses dépenses consacrées à la promotion de l'unité nationale, qui dépassent les quatre millions par année. Ces dépenses ne font pas partie de la réserve pour l'unité nationale mais visent un objectif semblable.

Pour rectifier le tir, les auteurs du rapport recommandent à Ottawa de faire «une percée accrue dans les salles de classes» afin «d'influencer les générations futures de leaders au sein de la fédération». Aux Communes, les libéraux ont indiqué que c'était là une bonne piste à suivre.

LE JOURNAL DE MONTRÉAL / VENDREDI 12 MARS 2004

Scandale des commandites :

Allan Cutler se vide le cœur

Photo PC
Allan Cutler

OTTAWA — Dès 1994, un fonctionnaire a tenté de prévenir ses supérieurs des graves irrégularités dans la gestion des contrats de publicité fédérale. On a puni le dénonciateur et promu la personne dénoncée en lui confiant la totalité du budget de ce qui allait devenir le scandale des commandites.

LAURENT SOUMIS
De notre bureau à OTTAWA
isoumis@journalmtl.com

Les audiences du Comité des comptes publics ont permis hier d'éclairer les circonstances nébuleuses autour de la naissance du programme des commandites.

Un fonctionnaire de carrière, Allan Cutler, est venu témoigner des nombreuses irrégularités constatées à l'époque.

Documents falsifiés, contrats émis sans autorisation ou antidatés, commissions payées pour des services qui n'ont jamais été rendus : rien ne semblait trop beau pour satisfaire l'appétit des agences de publicité.

De 1990 à 1994, M. Cutler était en charge de la négociation des contrats avec les agences. Le choix des agences relevait toutefois de Chuck Guité, celui qui allait devenir plus tard le directeur de service.

En novembre 1994, M. Guité a commencé «à s'immiscer dans le processus de négociation», a raconté le témoin.

«M. Guité m'a dit que les règles sur les contrats ne s'appliquaient plus à la publicité, a-t-il ajouté. Il a dit qu'il parlerait au ministre pour changer les règles.»

À partir de ce moment, les règles n'ont plus été respectées, a expliqué M. Cutler. «M. Guité n'aurait pas pu faire ça sans que quelqu'un autorise le changement.»

À l'époque, le ministère des Travaux publics était détenu par David Dingwall, l'actuel pdg de la Monnaie royale canadienne.

En mars 1995, la ligne hiérarchique a donc été modifiée. Tous les pouvoirs en matière de publicité ont été confiés à M. Guité. «On renversait mes décisions, a déclaré M. Cutler. On n'en tenait pas compte.»

Menaces

En avril 1996, M. Cutler a refusé de signer un contrat non conforme. «On m'a dit que mon refus aurait un prix. On m'a dit que je pouvais oublier tout avenir au ministère. On menaçait de me congédier.» Le 11 juin, c'est précisément ce qui est arrivé.

Au terme d'un grief, M. Cutler a pu finalement réintégrer la fonction publique. Ces dénonciations ont tout de même donné lieu à une vérification externe.

Mais à ce moment-là, plusieurs dossiers ont mystérieusement disparu. «Je suppose qu'on a purgé mes dossiers pour enlever ce que j'y avais mis», a soutenu le témoin.

Depuis plusieurs semaines, le Comité tente de faire témoigner Chuck Guité, qui a dirigé les publicités et les commandites fédérales jusqu'en 1999. M. Guité a quitté le pays et a été vu la dernière fois, la semaine dernière, en Arizona, par une équipe de CBC.

84. La devise est : *Je me souviens*. Elle date de 1883. Source : http://agora.qc.ca/reftext.nsf/Documents/Quebec_-_Etat--La_devise_Je_me_souviens_par_Gaston_Deschenes

85. Source : *Le Devoir*, 15 septembre 2004.

86. Source : *Le Devoir*, 3 avril 2004.

87. Ce témoignage a été rendu public dans les quotidiens du 8 avril 2005.

88. Source : *Le Devoir*, 3 avril 2004.

89. Robin Philpot et Normand Lester, *Les secrets d'Option Canada*, Montréal, Les Éditions des Intouchables, 2006.

Le projet de loi n° 1

Niveau : collégial.

Cours : Idées politiques modernes, Changement social, Littérature québécoise (d'hier à aujourd'hui), Littérature contemporaine (d'ici et d'ailleurs), Introduction à la politique, La politique au Canada et au Québec, Les fondements historiques du Québec contemporain, Défis sociaux et transformation des sociétés.

Contexte

L'indépendance du Québec, c'est d'abord et avant tout pour construire un monde nouveau, «à notre image et à notre ressemblance». Le Québec indépendant, ce n'est donc pas seulement un vote lors du prochain référendum. Ce n'est là qu'un début. Après, il faut construire.

Le présent exercice a pour but de faire travailler l'imagination des étudiants pour tracer les balises de ce Québec indépendant.

Activité
Analyse de texte

• Présenter aux étudiants le préambule du *Projet de loi n° 1* produit à l'occasion du référendum de 1995 (pages 104 à 106).

• Discuter avec les étudiants.

Production écrite :
la Constitution du Québec

La constitution d'un pays constitue sa loi fondamentale. Il s'agit d'une loi qu'une simple majorité parlementaire ne peut modifier. Pour modifier une constitution, il faut en général un vote exceptionnel du parlement (aux deux tiers, par exemple) ou un référendum.

• Diviser la classe en équipes.

• Chaque équipe consulte la constitution d'un autre pays ainsi que les trois documents suivants : Le *Pacte international relatif aux droits civils et politiques* (Nations Unies, 1966 et 1976), Le *Pacte international relatif aux droits économiques, sociaux et culturels* (Nations Unies, 1966 et 1976), la *Charte des droits et libertés de la personne du Québec*.

• Une discussion en classe suivra pour comparer ces diverses constitutions.

• Le travail de chaque équipe consiste ensuite à la rédaction d'un projet de constitution moderne pour le Québec.

• Libre à vous de faire parvenir ces travaux aux représentants des divers partis politiques.

Gilles Vigneault, un des rédacteurs du préambule.

Projet de loi n° 1

Loi sur l'avenir du Québec

PRÉAMBULE

DÉCLARATION DE SOUVERAINETÉ

Voici venu le temps de la moisson dans les champs de l'histoire. Il est enfin venu le temps de récolter ce que semaient pour nous quatre cents ans de femmes et d'hommes et de courage, enracinés au sol et dedans retournés.

Voici que naît pour nous, ancêtres de demain, le temps de préparer pour notre descendance des moissons dignes des travaux du passé.

Que nos travaux leur ressemblent et nous rassemblent enfin.

À l'aube du XVIIe siècle, les pionniers de ce qui allait devenir une nation, puis un peuple, se sont implantés en terre québécoise. Venus d'une grande civilisation, enrichis par celle des Premières Nations, ils ont tissé des solidarités nouvelles et maintenu l'héritage français.

La conquête de 1760 n'a pas brisé la ténacité de leurs descendants à demeurer fidèles à un destin original en Amérique. Dès 1774, par l'Acte de Québec, le conquérant reconnaissait le caractère distinct de leurs institutions. Ni les tentatives d'assimilation, ni l'Acte d'Union de 1840 ne sont parvenus à mater leur endurance.

La communauté anglaise qui s'est établie à leurs côtés, les immigrants qui se sont joints à eux ont contribué à former ce peuple qui, en 1867, est devenu l'un des deux fondateurs de la fédération canadienne.

Nous, peuple d'ici,

Parce que nous habitons les territoires délimités par nos ancêtres, de l'Abitibi aux Iles-de-la-Madeleine, de l'Ungava aux frontières américaines, parce que depuis quatre cents ans, nous avons défriché, labouré, arpenté, creusé, pêché, construit, recommencé, discuté, protégé et aimé cette terre que le Saint-Laurent traverse et abreuve;

Parce que cette terre bat en français et que cette pulsation signifie autant que les saisons qui la régissent, que les vents qui la plient, que les gens qui la façonnent;

Parce que nous y avons créé une manière de vivre, de croire et de travailler originale;

Parce que dès 1791, nous y avons instauré une des premières démocraties parlementaires au monde et que nous n'avons cessé de la parfaire;

Parce que l'héritage des luttes et du courage passés nous incombe et doit aboutir à la prise en charge irrévocable de notre destin;

Parce que ce pays est notre fierté et notre seul recours, notre unique chance de nous dire dans l'entièreté de nos natures individuelles et de notre cœur collectif,

Parce que ce pays sera tous ceux, hommes et femmes, qui l'habitent, le défendent et le définissent, et que ceux-là, c'est nous;

Nous, peuple du Québec, déclarons que nous sommes libres de choisir notre avenir.

L'hiver nous est connu. Nous savons ses frimas, ses solitudes, sa fausse éternité et ses morts apparentes. Nous avons bien connu ses morsures.

Nous sommes entrés dans la fédération sur la foi d'une promesse d'égalité dans une entreprise commune et de respect de notre autorité en plusieurs matières pour nous vitales.

Mais la suite a démenti les espoirs du début. L'État canadien a transgressé le pacte fédératif en envahissant de mille manières le domaine de notre autonomie et en nous signifiant que notre croyance séculaire dans l'égalité des partenaires était une illusion.

Nous avons été trompés en 1982, quand les gouvernements du Canada et des provinces anglophones ont modifié la Constitution en profondeur et à notre détriment, passant outre à l'opposition catégorique de notre Assemblée nationale.

Deux fois depuis, on a tenté de réparer ce tort. En 1990, l'échec de l'accord du lac Meech a révélé le refus de reconnaître jusqu'à notre caractère distinct. En 1992, le rejet de l'accord de Charlottetown, et par les Canadiens et par les Québécois, a consacré l'impossibilité de tout raccommodement.

Parce que nous avons perduré en dépit des tractations et des marchandages dont nous avons été l'objet;

Parce que le Canada, loin de s'enorgueillir de l'alliance entre ses deux peuples et de la clamer au monde, n'a eu de cesse de la banaliser et de consacrer le principe d'une égalité factice entre provinces;

Parce que depuis la Révolution tranquille, nous avons pris le parti de ne plus nous cantonner dans la survivance mais, désormais, de construire sur notre différence;

Parce que nous avons l'intime conviction que persister à l'intérieur du Canada signifierait s'étioler et dénaturer notre identité même;

Parce que le respect que nous nous devons à nous-mêmes doit guider nos actes;

Nous, peuple du Québec, affirmons notre volonté de détenir la plénitude des pouvoirs d'un État: voter toutes nos lois, prélever tous nos impôts, signer tous nos traités et exercer la compétence des compétences en concevant et maîtrisant, seuls, notre loi fondamentale.

Pour les gens de ce pays qui en sont la trame et le fil et l'usure, pour ceux et celles de demain que nous voyons grandir, l'être précède l'avoir. Nous faisons de ce principe le cœur de notre projet.

Notre langue scande nos amours, nos croyances et nos rêves pour cette terre et pour ce pays. Afin que le profond sentiment d'appartenance à un peuple distinct demeure à jamais le rempart de notre identité, nous proclamons notre volonté de vivre dans une société de langue française.

Notre culture nous chante, nous écrit et nous nomme à la face du monde. Elle se colore et s'accroît de plusieurs apports. Il nous importe de les accueillir, pour que jamais ces différences ne soient considérées comme menaces ou objets d'intolérance.

Ensemble, nous célébrerons les joies, nous éprouverons les chagrins que la vie mettra sur notre route. Surtout, nous assumerons nos succès et nos échecs, car dans l'abondance comme dans l'infortune nous aurons fait nos propres choix.

Nous savons de quelles vaillances se sont construites les réussites de ce pays. Ceux et celles qui ont bâti le dynamisme du Québec tiennent à léguer leurs efforts aux vaillances de demain.

Notre capacité d'entraide et notre goût d'entreprendre sont une force. Nous nous engageons à reconnaître et à encourager ce «Cœur à l'ouvrage» qui fait de nous des bâtisseurs.

Nous partageons avec les pays de même taille que le nôtre cette vertu particulière de s'adapter vite et bien aux défis mouvants du travail et des échanges. Notre aptitude au consensus et à l'invention nous permettra de prendre bonne place à la table des nations.

Nous entendons soutenir l'imagination et la capacité des collectivités locales et régionales dans leur volonté de développement économique, social et culturel.

Gardiens de la terre, de l'eau et de l'air, nous agirons avec le souci de la suite du monde.

Gens de ce nouveau pays, nous nous reconnaissons des devoirs moraux de respect, de tolérance et de solidarité les uns envers les autres.

Réfractaires à l'autoritarisme et à la violence, respectueux de la volonté populaire, nous nous engageons à garantir la démocratie et la primauté du droit.

Le respect de la dignité des femmes, des hommes et des enfants et la reconnaissance de leurs droits et libertés constituent le fondement de notre société. Nous nous engageons à garantir les droits civils et politiques des individus, notamment le droit à la justice, le droit à l'égalité et le droit à la liberté.

Le combat contre la misère et la pauvreté, le soutien aux jeunes et aux aînés, sont essentiels à notre projet. Les plus démunis d'entre nous peuvent compter sur notre solidarité et sur notre sens des responsabilités. Le partage équitable des richesses étant notre objectif, nous nous engageons à promouvoir le plein emploi et à garantir les droits sociaux et économiques : notamment le droit à l'éducation, le droit aux services de santé ainsi qu'aux autres services sociaux.

Notre avenir commun est entre les mains de tous ceux pour qui le Québec est une patrie. Parce que nous avons à cœur de conforter les alliances et les amitiés du passé, nous préserverons les droits des Premières Nations et nous comptons définir avec elles une alliance nouvelle. De même, la communauté anglophone établie historiquement au Québec jouit de droits qui seront préservés.

Indépendants, donc pleinement présents au monde, nous entendons oeuvrer pour la coopération, l'action humanitaire, la tolérance et la paix. Nous souscrirons à la Déclaration universelle des droits de l'homme et aux autres instruments internationaux de protection des droits.

Sans jamais renoncer à nos valeurs, nous nous emploierons à tisser par ententes et par traités des liens mutuellement bénéfiques avec les peuples de la terre. Nous voudrons en particulier inventer avec le peuple canadien, notre partenaire historique, de nouvelles relations nous permettant de maintenir nos rapports économiques et de redéfinir nos échanges politiques. Nous déploierons aussi un effort singulier pour resserrer nos liens avec les peuples des États-Unis et de la France et ceux des autres pays des Amériques et de la Francophonie.

Pour accomplir ce projet, maintenir la ferveur qui nous habite et nous anime, puisque le temps est enfin venu de mettre en train la vaste entreprise de ce pays ;

Nous, peuple du Québec, par la voix de notre Assemblée nationale, proclamons :

Le Québec est un pays souverain.

La chanson à trous

Niveau : adultes.
Secteurs : francisation et/ou alphabétisation.

La chanson est un outil d'apprentissage très efficace, car elle vise le plaisir d'abord et avant tout. Quoi de mieux qu'une chanson typiquement de chez nous pour faire comprendre l'attachement viscéral des Québécois à leur langue.

Celle de Michel Rivard intitulée *Le cœur de ma vie* (voir VERSION ORIGINALE, page 108) sert de base à trois activités différentes. Si celles-ci sont toutes basées sur l'écoute, la troisième vise également les notions grammaticales.

1. La rime manquante

L'activité consiste à trouver la rime manquante. L'indice : le mot souligné. L'enseignant fait entendre la chanson trois fois en prenant soin de laisser un intervalle d'au moins cinq minutes entre chaque écoute pour permettre à l'étudiant d'écrire le mot manquant dans l'espace réservé. Pour faciliter la tâche au débutant, on peut inscrire la première lettre. Il suffit de compléter le mot.

Le modèle d'activité proposé peut être utilisé tel quel (voir VERSION 2, page 109), mais aussi remanié par l'enseignant à sa guise.

2. La reconnaissance des paroles

Dans chaque couplet de la chanson, deux vers sont choisis par l'enseignant. Chacun est reproduit sur un carton. On peut utiliser des cartons de couleurs différentes pour identifier les différents couplets. Les cartons sont distribués à huit étudiants du groupe. Au moment où ils entendent chanter ces vers, ils doivent lever les cartons.

3. Le pronom personnel et son référent

Dans un premier temps, on doit retirer tous les pronoms personnels (voir VERSION 3, page 110). Ensuite, les étudiants écoutent la chanson. La tâche consiste à replacer les pronoms manquants (une liste des pronoms personnels peut être fournie à l'étudiant) et à trouver le référent de chacun.

Version originale

Le cœur de ma vie
Paroles et musique : Michel Rivard

C'est la langue qui court
Dans les rues de ma ville
Comme une chanson d'amour
Au refrain malhabile
Elle est fière et rebelle
Et se blesse souvent
Sur les murs des gratte-ciel
Contre les tours d'argent

Elle n'est pas toujours belle
On la malmène un peu
C'est pas toujours facile
D'être seule au milieu

D'un continent immense
Où ils règlent le jeu
Où ils mènent la danse
Où ils sont si nombreux

Elle n'est pas toujours belle
Mais vivante elle se bat
En mémoire fidèle
De nos maux de nos voix
De nos éclats de rire
Et de colère aussi
C'est la langue de mon cœur
Et le cœur de ma vie

On la parle tout bas
Aux moments de tendresse
Elle a des mots si doux
Qu'ils se fondent aux caresses
Mais quand il faut crier
Qu'on est là qu'on existe
Elle a le son qui mord
Et les mots qui résistent

C'est une langue de France
Aux accents d'Amérique
Elle déjoue le silence
À grands coups de musique
C'est la langue de mon cœur

Et le cœur de ma vie
Que jamais elle ne meure
Que jamais on ne l'oublie…

Il faut pour la défendre
La parler de son mieux
Il faut la faire entendre
Faut la secouer un peu
Il faut la faire aimer
À ces gens près de nous
Qui se croient menacés
De nous savoir debout

Il faut la faire aimer
À ces gens de partout
Venus trouver chez nous
Un goût de liberté
Elle a les mots qu'il faut
Pour nommer le pays
Pour qu'on parle de lui
Qu'on le chante tout haut

C'est une langue de France
Aux accents d'Amérique
Elle déjoue le silence
À grands coups de musique
C'est la langue de mon cœur
Et le cœur de ma vie
Que jamais elle ne meure
Que jamais on ne l'oublie…

Version 2

Le cœur de ma vie
Paroles et musique : Michel Rivard

C'est la langue qui <u>court</u>
Dans les rues de ma ville
Comme une chanson d'_____
Au refrain malhabile
Elle est fière et <u>rebelle</u>
Et se blesse souvent
Sur les murs des _____
Contre les tours d'argent

Elle n'est pas toujours belle
On la malmène un <u>peu</u>
C'est pas toujours facile
D'être seule au _____

D'un continent immense
Où ils règlent le <u>jeu</u>
Où ils mènent la danse
Où ils sont si _____

Elle n'est pas toujours <u>belle</u>
Mais vivante elle se bat
En mémoire _____
De nos maux de nos voix
De nos éclats de rire
Et de colère <u>aussi</u>
C'est la langue de mon cœur
Et le cœur de ma _____

On la parle tout bas
Aux moments de <u>tendresse</u>
Elle a des mots si doux
Qu'ils se fondent aux _____
Mais quand il faut crier
Qu'on est là qu'on <u>existe</u>
Elle a le son qui mord
Et les mots qui _____

C'est une langue de <u>France</u>
Aux accents d'Amérique
Elle déjoue le _____
À grands coups de musique
C'est la langue de mon <u>cœur</u>

Et le cœur de ma vie
Que jamais elle ne _____
Que jamais on ne l'oublie…

Il faut pour la <u>défendre</u>
La parler de son mieux
Il faut la faire _____
Faut la secouer un peu
Il faut la faire <u>aimer</u>
À ces gens près de nous
Qui se croient _____
De nous savoir debout

Il faut la faire <u>aimer</u>
À ces gens de partout
Venus trouver chez nous

Un goût de _____
Elle a les mots qu'il <u>faut</u>
Pour nommer le pays
Pour qu'on parle de lui
Qu'on le chante tout _____

C'est une langue de <u>France</u>
Aux accents <u>d'Amérique</u>
Elle déjoue le _____
À grands coups de _____
C'est la langue de mon cœur
Et le cœur de ma vie
Que jamais elle ne meure
Que jamais on ne l'oublie…

Version 3

Le cœur de ma vie
Paroles et musique : Michel Rivard

C'est la langue qui court
Dans les rues de ma ville
Comme une chanson d'amour
Au refrain malhabile
_____ est fière et rebelle
Et _____ blesse souvent
Sur les murs des gratte-ciel
Contre les tours d'argent

_____ n'est pas toujours belle
On _____ malmène un peu
C'est pas toujours facile
D'être seule au milieu
D'un continent immense
Où _____ règlent le jeu
Où _____ mènent la danse
Où _____ sont si nombreux

_____ n'est pas toujours belle
Mais vivante _____ _____ bat
En mémoire fidèle
De nos maux de nos voix
De nos éclats de rire
Et de colère aussi
C'est la langue de mon cœur
Et le cœur de ma vie

On _____ parle tout bas
Aux moments de tendresse
_____ a des mots si doux
Qu'_____ _____ fondent aux caresses
Mais quand _____ faut crier
Qu'on est là qu'on existe
_____ a le son qui mord
Et les mots qui résistent

C'est une langue de France
Aux accents d'Amérique
_____ déjoue le silence
À grands coups de musique
C'est la langue de mon cœur

Et le cœur de ma vie
Que jamais _____ ne meure
Que jamais on ne _____ oublie…

_____ faut pour _____ défendre
_____ parler de son mieux
_____ faut _____ faire entendre
Faut _____ secouer un peu
_____ faut _____ faire aimer
À ces gens près de _____
Qui _____ croient menacés
De _____ savoir debout

_____ faut _____ faire aimer
À ces gens de partout
Venus trouver chez _____
Un goût de liberté
_____ a les mots qu'_____ faut
Pour nommer le pays
Pour qu'on parle de _____
Qu'on _____ chante tout haut

C'est une langue de France
Aux accents d'Amérique
_____ déjoue le silence
À grands coups de musique
C'est la langue de mon cœur
Et le cœur de ma vie
Que jamais _____ ne meure
Que jamais on ne ___oublie…

Qu'est-ce qu'un Québécois ?
Niveau : Éducation des adultes.

La nationalité québécoise n'existe pas comme telle ; beaucoup de confusion règne autour du terme « Québécois ». Notre projet de société est non ethnique, voici pourquoi nous proposons cette activité de réflexion antiraciste, porteuse d'une vision inclusive du Québec de demain.

Placez dans le diagramme de la page 112 les initiales des personnages suivants :

Christian : né au Québec de parents amérindiens ; habitant à Québec

Marilou : née au Québec de parents nés à Laval ; habitant à Natashquan

Leila : née au Québec de parents immigrés ; habitant à Sherbrooke

Patrick : né au Nouveau-Brunswick et habitant à Montréal

Hélène : née au Québec et habitant en Ontario

François : né à Paris de parents nés à Sept-Îles ; arrivé à Montréal cette année, à l'âge de 10 ans

Yoko : née à Tokyo de parents japonais, arrivée à Montréal à l'âge de 3 ans ; naturalisée l'an dernier

Jack : né à Povungnituk, arrivé à Montréal il y a deux ans, à l'âge de 7 ans

Rosa : née à Lima de parents péruviens, arrivée à Montréal l'année dernière

Xiao : né à Montréal de parents chinois, habitant maintenant à Hong-Kong

Selon vous, quand la nationalité québécoise existera, qui devra la recevoir ?

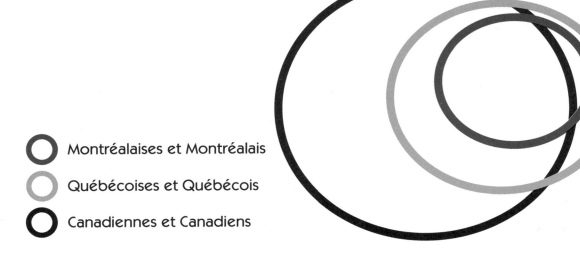

- Montréalaises et Montréalais
- Québécoises et Québécois
- Canadiennes et Canadiens

N.B. Tout enfant né au Canada en acquiert automatiquement la nationalité.

Selon le dictionnaire *Bibliorom* de Larousse :

Québécois, e adjectif et nom. De la province du Québec ou de la ville de Québec.

Autochtone [otoktcn] adjectif et nom (du grec khthôn, terre). Originaire par voie ancestrale du pays qu'il habite.

Canadien, enne adjectif et nom. Du Canada.

Montréalais, e [mère] adjectif et nom. De Montréal.

Les montagnes Rocheuses
Niveau : éducation des adultes.

Contexte

Lorsqu'il est question de référendum au Québec, les leaders fédéralistes n'hésitent pas à brandir le spectre de la partition du territoire, de la fuite des capitaux, de la perte des pensions de vieillesse. Un argument particulier revient cependant constamment. On en a parlé au cours des référendums de 1980 et de 1995. En mai 2005, le sujet faisait toujours l'objet de débats dans les journaux et sur Internet. Qu'est-ce qui peut stimuler ainsi l'imaginaire collectif? Eh oui, ce sont les montagnes Rocheuses!

Cet intérêt pour les Rocheuses remonte à fort loin, mais c'est Pierre Elliott Trudeau qui a fait de ce site naturel un argument-choc dans le débat sur l'indépendance du Québec.

En mai 1980, à l'occasion du premier référendum québécois, le gouvernement fédéral a dépensé cinq fois plus d'argent que ne le prévoyait la *Loi québécoise sur les consultations populaires*[90]. C'était bien avant le scandale des commandites (voir Activité 27). Cette avalanche de dépenses n'étant pas suffisante, le gouvernement fédéral a entrepris un débat de 15 jours à la Chambre des communes à propos de la question nationale. C'est à cette occasion que les députés libéraux sont allés jusqu'à évoquer la perte des montagnes Rocheuses advenant un vote favorable à l'indépendance. Après *Voir Venise et mourir*, c'était dorénavant *Voir les Rocheuses et voter non au référendum*?

Pour certains, le désir de voir les Rocheuses est suffisant pour changer un «séparatiste» en fédéraliste! Cette rhétorique à la Elvis Gratton influence-t-elle réellement les Québécois?

Les activités que nous proposons se veulent la base d'un débat qui amènera les étudiants à prendre conscience de la réalité. Comme disait l'un d'eux: «Les Rocheuses sont des montagnes, elles ne vont toujours pas déménager!»

Activités

• Vous gagnez un voyage à la montagne. Vous avez le choix d'aller n'importe où dans le monde. Quelle destination choisissez-vous? Pourquoi?

• Pour alimenter la réflexion, l'enseignant montre aux étudiants une série de photos de montagnes, dont les Rocheuses, ou les invite à effectuer eux-mêmes une recherche d'images de montagnes sur Internet.

• En 1995, au cours du «*love-in*» que le ROC (Rest of Canada) a tenu à Montréal la veille du référendum, le président de la CSN, Marc Laviolette, a demandé à Air Canada de lui donner des billets d'avion gratuits pour aller voir les Rocheuses, puisque cette compagnie offrait à tout Canadien hors Québec de venir gratuitement à Montréal. Air Canada a refusé d'accéder à cette demande. Les étudiants pourraient commenter cette décision d'Air Canada.

• Les étudiants peuvent aussi demander à des adultes de leur entourage de répondre aux questions du sondage de l'Annexe 1.

• Une fois les résultats compilés, organiser une discussion en classe ou proposer la rédaction d'un texte.

Questions pour alimenter la discussion

Les Rocheuses avant l'indépendance

Actuellement, pouvez-vous visiter les Rocheuses?

Actuellement, pouvez-vous acheter une maison dans les Rocheuses?

Actuellement, pouvez-vous aller à la pêche dans les Rocheuses?

Actuellement, pouvez-vous aller faire du ski dans les Rocheuses?

Les Rocheuses après l'indépendance

Au lendemain de l'indépendance, pourrez-vous visiter les Rocheuses?

Au lendemain de l'indépendance, pourrez-vous acheter une maison dans les Rocheuses?

Au lendemain de l'indépendance, pourrez-vous aller à la pêche dans les Rocheuses?

Au lendemain de l'indépendance, pourrez-vous aller faire du ski dans les Rocheuses?

Sondage

Votre âge:

Avez-vous déjà visité...

La Floride?	Nombre de fois:
Les États-Unis (ailleurs que la Floride)?	Nombre de fois:
Les montagnes Rocheuses?	Nombre de fois:

Un autre pays que le Canada et les États-Unis? Indiquez les pays.

Pays	Nombre de fois:

90. Présentation de Jean-François Lisée devant la commission parlementaire des institutions sur le *Projet de loi nº 99* (*Loi sur l'exercice des droits fondamentaux et des prérogatives du peuple québécois et de l'État du Québec*), 15 mars 2000.

Pile ou face ?

Niveau : Éducation des adultes.

Contexte

Avant le dernier référendum, des sondages quotidiens nous annonçaient près de 50 % de OUI et 50 % de NON. Certains disaient que cela revenait à jouer à pile ou face. D'autres espéraient gagner cette « loterie », tout en se contentant de regarder la situation.

Activité

Pour leur permettre de comprendre la notion de hasard, demander aux étudiants de tirer 10 fois à pile ou face. (Les résultats seront alors très variables.)

Demander de tirer 100 fois. (Les résultats vont alors se rapprocher du 50-50. Si on compile les résultats de toute la classe, ils vont approcher encore plus le 50-50.)

Peut-on influencer ce résultat pour qu'il penche du bord de pile ou de face ? (C'est impossible, à moins de tricher.)

Dans le cas d'un vote référendaire, croyez-vous que le fait de connaître les résultats des sondages puisse influencer votre opinion ? Et celle d'autres personnes ?

Avez-vous déjà été questionné personnel-lement sur votre opinion politique ? Croyez-vous que vos réponses puissent influencer l'opinion d'autres personnes ?

Discussion sur les sondages. Durant le référendum de 1995, pouvait-on attribuer les résultats des sondages au hasard ? Peut-on influencer les résultats d'un sondage ? (Oui. En intervenant et en étant actif pour influencer l'opinion des autres. Les résultats de sondages ne sont donc pas l'effet du hasard.)

Comment peut-on influencer les résultats d'un sondage sur le vote référendaire ? Discussion : les étudiants énuméreront sans doute divers moyens comme la publicité, l'organisation électorale, les campagnes de promotion téléphoniques, les discussions entre voisins, etc. Parmi ces moyens, certains coûtent de l'argent, d'autres ne requièrent qu'un peu de bonne volonté et de temps.

La *Loi sur les consultations populaires* limite les dépenses des deux camps afin que ce soient vraiment les citoyens, et non l'argent, qui décident des résultats d'un référendum. En 1995, la limite était d'environ cinq millions de dollars pour chaque camp. On pouvait donc légalement payer des publicitaires ou des organisateurs avec cette somme. Le reste ne pouvait être que du bénévolat. Or, le scandale des commandites nous a appris qu'Ottawa s'était doté d'un fonds secret pour l'unité nationale et que le Comité du NON avait investi plus de 5 millions illégalement dans la campagne référendaire (voir Activité 27). Amorcer une discussion sur les résultats du référendum de 1995, dus ou non au hasard.

Comment serait-il possible de contrer une telle fraude lors d'un prochain référendum ?

Bienvenue • *Welcome* • *Bienvenida*

Niveau : formation professionnelle.

Contexte

Il y a trois façons de traiter la question du tourisme.

La première concerne la publicité mise en place pour attirer les touristes sur notre territoire. Le public ciblé par une campagne de publicité touristique, ce sont bien sûr les gens vivant en dehors des frontières du pays faisant l'objet de la campagne. Ce sont eux qui sont susceptibles d'injecter de l'argent neuf dans l'économie régionale et nationale.

La seconde a trait à la formation professionnelle des personnes actives dans les différentes fonctions reliées au tourisme. Cette dimension suppose l'acquisition de connaissances techniques et d'aptitudes en relations publiques et service à la clientèle.

La troisième est relative au développement, puisque l'offre touristique doit être constamment renouvelée et modernisée et surtout faire preuve d'innovation.

Activités

1) La publicité

En matière de publicité, les gouvernements, les associations touristiques régionales et les entreprises utilisent plusieurs médias et lancent des campagnes de promotion sous forme de forfaits, visites, trucs divers pour susciter la curiosité et stimuler la demande à l'échelle nationale, continentale et internationale.

Tant le Canada que le Québec conçoivent des politiques et des stratégies relatives au tourisme. Cependant, les besoins du Québec se distinguent nettement de ceux des provinces anglophones. Sur le territoire nord-américain, le français est très prisé. Il permet aux destinations québécoises de se distinguer des autres destinations nord-américaines.

La publicité des attraits touristiques québécois devrait faire l'objet d'un programme de formation professionnelle.

• Comme travail de synthèse, suggérer aux élèves de réaliser un guide touristique de leur région (ou localité).

L'objectif du travail est de permettre aux étudiants de découvrir les particularités régionales culturelles, sociales et économiques de leur milieu, tout en tenant compte de la proximité du géant états-unien. Il serait aussi intéressant de faire connaître aux étudiants les façons admissibles de se comporter dans une relation « hôte-invité ».

2) La formation

En ce qui a trait à la formation inhérente à l'industrie touristique, un niveau de préoccupation doit être ajouté. Considérant la provenance des touristes, il faut être en mesure de communiquer avec eux. C'est la base du décorum d'accueil qui fait la renommée des entreprises québécoises dans le monde entier.

Par sa localisation géographique, le Québec est appelé à recevoir des clientèles anglophones, mais aussi hispanophones, allemandes, etc. Il importe toutefois, dans ce domaine particulier comme dans tous les autres, d'optimiser la qualité du français, cette langue étant la source de l'exotisme qui attire les touristes.

Néanmoins, l'apprentissage d'autres langues est nécessaire pour participer à la dynamique du tourisme international. Ainsi, tout en apprenant d'autres langues, les étudiants devraient fournir un effort soutenu quant au perfectionnement de leur français oral et écrit.

• Présentation orale : Tout en recevant une formation en français et en travaillant à améliorer la qualité de la langue, en plus d'explorer les règles de l'éthique et de la bienséance, les étudiants doivent présenter un Québec indépendant dans au moins deux autres langues.

Cet exposé a comme avantage d'amener les étudiants à mieux connaître leur Québec, en comprendre les différences et de les présenter de manière « marketing » à des clientèles internationales. S'il leur est possible de présenter leur pays dans une langue étrangère, avec goût et fierté, ils pourront développer les mêmes valeurs envers leur langue.

3) Le développement

L'industrie touristique est considérée par plusieurs comme l'industrie du 3e millénaire.

Cette industrie est basée majoritairement sur une économie privée. Ce sont des entreprises privées qui soutiennent l'offre touristique. De leurs côtés, les gouvernements investissent dans la promotion et la commercialisation. Très peu de budgets sont réservés à la production d'équipements et à la construction d'infrastructures, à l'exception de grands chantiers subventionnés, tel le Palais des congrès de Montréal.

Pour tous les petits entrepreneurs qui veulent développer des services ou des attraits touristiques, l'accès au capital est difficile puisque le caractère saisonnier de cette industrie la précarise auprès des investisseurs. Ce sont les grandes entreprises, généralement étrangères, qui occupent de plus en plus le terrain. Il n'y a qu'à regarder la rapidité avec laquelle les chaînes états-uniennes de restaurants et d'hôtels couvrent de plus en plus de territoire pour constater le problème. Une des priorités d'un Québec indépendant devrait donc être de mieux soutenir les projets locaux et régionaux en tourisme. L'originalité et la popularité de notre offre touristique ainsi que le développement de notre économie régionale par le tourisme en dépendent.

• Travail : Suggérer aux étudiants dont le choix de carrière s'oriente vers la création d'entreprises touristiques de considérer le soutien dont leur future entreprise pourrait bénéficier dans un Québec indépendant. Quel devrait être le rôle de l'État québécois ? celui des petites entreprises de tourisme ?

La *loi 101*

Niveau : universitaire.
Département : sciences de l'éducation.
Cours : Organisation de l'éducation au Québec.

Contexte

Selon les exigences du ministère de l'Éducation[91], il n'y a qu'un seul cours obligatoire pour tous les futurs enseignants. Il s'agit du cours *Organisation de l'éducation au Québec*. Dans ce cadre, les étudiants doivent étudier la *loi 101* et ses effets sur les écoles.

Au cours d'un sondage[92] effectué auprès de 77 étudiants en sciences de l'éducation, une majorité d'entre eux, spontanément, se sont dits opposés aux deux éléments principaux de cette loi en ce qui concerne l'école, à savoir que 1) tous les immigrants doivent obligatoirement fréquenter l'école française et 2) seuls les enfants dont au moins un parent a fait ses études primaires en anglais au Québec ou au Canada peuvent fréquenter l'école anglaise.

Pour ceux qui ont connu la situation du français avant l'adoption de la *loi 101*, ces résultats surprennent. Il n'y a pourtant là rien d'étonnant, car la quasi-totalité des étudiants qui suivent ce cours aujourd'hui sont nés après 1977. De fait, cette réaction des étudiants est plutôt l'indice que la génération de la *loi 101* n'a pas fait son travail et a oublié que « *ceux qui ne connaissent pas l'histoire sont condamnés à la revivre*[93] ! »

Depuis 1960, le Québec a fait des pas de géant dans sa démarche vers la souveraineté. Il lui reste cependant un pas important à faire avant de pouvoir adopter ses lois, prélever ses impôts et conclure des traités : celui de devenir indépendant.

Un recul sur le chemin parcouru (sur la *loi 101*, par exemple) serait dramatique pour l'avenir du Québec. Il est donc important que la nouvelle génération d'enseignants comprenne les étapes qui ont été franchies dans cette quête vers l'indépendance ; qu'elle comprenne l'évolution de la situation québécoise depuis 1960 ; mais surtout, qu'elle se rende compte à quel point le fait d'adopter cette loi, en 1977, a été salutaire pour le Québec.

L'adoption de la *loi 101* a été un de ces gestes courageux et rares qui ont changé le visage du Québec. À l'époque, les forces conservatrices prévoyaient qu'un avenir bien sombre suivrait l'adoption de cette loi ; ce fut la même chose lors de la nationalisation de l'électricité, en 1962.

Une trentaine d'années plus tard, le visage linguistique du Québec a changé radicalement, malgré le fait que la Cour suprême du Canada ait passablement édulcoré cette loi.

Il est donc nécessaire de retracer l'histoire de la *loi 101* avec les étudiants et non se contenter uniquement de leur soumettre les articles de la loi. Ils seront alors à même de constater pourquoi elle est nécessaire. L'histoire de la *loi 101*, tout comme celles de la nationalisation de l'électricité ou de la création de la Caisse de d épôt, est un bel exemple d'anticipation de cataclysme qui finalement n'a jamais eu lieu, simplement parce que nous nous sommes tenus debout. De telles histoires sont instructives au moment où s'apprêtent à éferler les menaces de catastrophe si nous votons l'indépendance du Québec.

Activité
Thématiques à proposer aux étudiants

La situation avant 1977
• L'affichage commercial.
• La langue de travail.
• La langue des restaurants et des commerces.
• La langue des publications fédérales sur le Québec.
• La langue de la finance, de l'armée.
 grants à la communauté anglophone.
• Les luttes linguistiques des francophones hors Québec (Ontario, Manitoba, Saskatchewan, Acadie).
• La décroissance progressive du français au Canada.

La version originale de la loi
• Le père de la loi: Camille Laurin (ci-contre), ses motivations et son discours.
• Les attaques successives de la Cour suprême pour édulcorer la loi.
• Les réactions conservatrices (campagne de peur, épouvantail de la fuite des capitaux et des sièges sociaux).

La situation actuelle
• Évolution de la situation linguistique au Québec et au Canada (voir Activité 38).
• Le contrôle de la citoyenneté et de l'immigration par Ottawa: son impact sur l'identification des immigrants au fédéralisme canadien.

L'affichage commercial

Avant la Charte de la langue française, les «Supermarket» et les «Enjoy Pepsi» étaient alors monnaie courante dans l'affichage commercial, même dans les quartiers très francophones de l'Est de Montréal. (Photo Laurent Messier. Atelier d'histoire de la Longue-Pointe.)

91. Il faut maintenant dire le ministère de l'Éducation, des Loisirs et des Sports (MELS).

92. Sondage effectué par l'un des auteurs de ce cahier pédagogique.

93. La citation est de Karl Marx.

La recherche structurante

Niveau : universitaire.
Départements : sciences, génie, économie.

Contexte

Certains invoquent que le Québec a avantage à rester dans le Canada parce qu'il reçoit des paiements de péréquation. Le Québec se passerait avec plaisir de cette forme de bien-être social si le fédéralisme menait à une meilleure répartition des investissements structurants, c'est-à-dire s'ils créaient de l'emploi. À ce chapitre, le Québec est perdant, malgré le dynamisme de ses industries.

Activité

Avec les étudiants et par le biais de travaux, il est urgent de faire le point sur les stratégies fédérales concernant les dépenses structurantes. Les thèses de maîtrise et de doctorat, mais aussi les travaux de synthèse des étudiants au baccalauréat, peuvent être d'une grande utilité pour alimenter le débat sur l'indépendance du Québec. Voici quelques données qui illustrent l'intérêt de telles études. Rappelons que la juste part du Québec devrait s'établir à 23 % des dépenses fédérales, proportionnellement à son poids démographique.

• Sur les 122 centres de recherche fédéraux, seulement 17 (14 %) se trouvent au Québec, contre 48 en Ontario.

• Pour ce qui est de la recherche et du développement effectués directement par le gouvernement fédéral et ses centres de recherche, 57,7 % sont effectués en Ontario contre 19,6 % au Québec. Un écart de 800 millions de dollars[94].

• Les entreprises québécoises reçoivent 18,5 % de l'aide fédérale aux entreprises, 3 milliards de moins que les entreprises ontariennes. Un manque à gagner de 200 millions pour le Québec[95].

• De tous les biens et services achetés par le gouvernement fédéral, 21,5 % proviennent du Québec, un manque à gagner de un milliard de dollars par rapport aux autres provinces.

• Si le Québec recevait une part des dépenses structurantes du gouvernement fédéral proportionnelle à son poids démographique, il compterait 15 500 fonctionnaires supplémentaires, en plus de recevoir un autre deux milliards de dollars générant 25 000 emplois, pour un total de 40 000 emplois[96] supplémentaires.

• Enfin, sujet tabou par excellence, il est grandement temps de comparer les investissements fédéraux dans les universités anglophones du Québec et dans les universités francophones du ROC[97]. En effet, plusieurs subventions comptabilisées en faveur du Québec sont accordées à McGill, mais profitent surtout aux provinces anglophones. L'exemple de la santé est patent à cet égard, car une majorité de médecins formés à McGill ne restent pas au Québec. Il serait donc très utile de comparer les subventions octroyées aux trois universités anglophones du Québec (McGill, Concordia et Bishop) à celles accordées aux deux universités francophones du ROC (Moncton et la section française d'Ottawa).

94. Données compilées par le service de recherche du Bloc québécois.

95. Données compilées par le service de recherche du Bloc québécois.

96. Données compilées par le service de recherche du Bloc québécois.

97. ROC = Rest Of Canada = le Canada, à l'exception du Québec.

Les intrusions fédérales
Niveau : universitaire.
Département : administration.

Contexte
En mars 2004, le Bloc québécois a publié une étude détaillée portant sur les intrusions et les augmentations des dépenses fédérales au Québec. Cette étude a été réalisée sous la direction de Jacques Léonard[98]. Nous reproduisons ci-dessous le sommaire de cette étude.

Sommaire du volet 1
du Rapport Léonard[99]
« La perte de contrôle des dépenses de fonctionnement du gouvernement fédéral sous Paul Martin

• La révision des programmes fédéraux a pour objectif de dégager une marge de manœuvre financière visant à éliminer le déséquilibre fiscal entre le gouvernement du Québec et le gouvernement fédéral. Il est bon de rappeler que le déséquilibre fiscal, ce sont aussi les dépenses inutiles du gouvernement fédéral, l'utilisation largement abusive d'un « pouvoir de dépenser » qui occasionne des intrusions sans fin dans les champs de compétence du Québec.

• Sous la gouverne de Paul Martin comme ministre des Finances, le gouvernement fédéral a perdu le contrôle de ses dépenses de fonctionnement, qui ont augmenté de 39 % (moyenne annuelle de 7,8 %) au cours des cinq dernières années, comparativement à une hausse de l'inflation de 9,6 % pour les mêmes années (moyenne annuelle de 1,9 %).

• Depuis 1994-1995, les dépenses de fonctionnement du gouvernement fédéral ont augmenté de 7 milliards de dollars, tandis que les transferts au Québec et aux provinces n'ont augmenté que de 3,7 milliards de dollars.

• Le nombre de fonctionnaires fédéraux a augmenté de 46 000 en 5 ans, soit une augmentation de 21 % (moyenne annuelle de 4,2 %), contre une augmentation de la population de 3,9 % pour les mêmes années.

• La masse salariale a augmenté de 7,3 milliards de dollars (41 %) au cours des 5 dernières années, soit une moyenne annuelle de 8,2 %.

• La tendance va vers une plus grande concentration des emplois fédéraux dans la région d'Ottawa, puisque depuis 1994, le nombre d'emplois fédéraux a augmenté de 11 % dans cette région, alors qu'il diminuait de 1 % ailleurs au Canada. »

Sommaire du volet 2
du Rapport Léonard[100]

Un siècle d'intrusions

« Les dépenses intrusives du gouvernement fédéral dans les champs de compétence du Québec et des provinces

• À partir de 1994-1995, le gouvernement fédéral a dépensé plus dans les champs de compétence du Québec et des provinces (66,7 milliards de dollars) que dans ses propres champs de compétence (60,6 milliards de dollars).

• Au cours des 5 dernières années, les dépenses intrusives du gouvernement fédéral ont augmenté plus rapidement qu'au cours de toute autre période de l'histoire canadienne, passant de 62,6 milliards à 81,3 milliards de dollars.

• Au cours des 5 dernières années, l'essentiel des nouvelles dépenses du gouvernement fédéral a été consacré aux intrusions.

• Depuis un siècle (1904-2004), les dépenses intrusives du gouvernement fédéral ont été en hausse constante, inversant complètement la nature du fédéralisme canadien tel qu'il a été conçu en 1867.

• Les membres du comité n'ont pas été en mesure de trouver un seul champ de compétence exclusive du Québec exempt de dépenses intrusives du gouvernement fédéral. »

• Voir le graphique de la page 123.

Activités

À partir de la version intégrale du Rapport Léonard, demander aux étudiants de dresser les avantages et les inconvénients de la gestion des budgets fédéral et provincial par un seul gouvernement. Quels avantages et inconvénients y aurait-il à éliminer les chevauchements ? Notons à ce chapitre que Jacques Parizeau et Pierre Elliott Trudeau partageaient la même opinion, à savoir que les chevauchements sont nuisibles… mais ils ne voyaient pas le centre de décision au même endroit.

En conservant à son service tous les fonctionnaires fédéraux québécois actuels, de combien d'argent le Québec disposerait-il pour investir dans divers projets[101] ?

---

98. Rapport Léonard, mars 2004. Accessible sur le site Internet du Bloc Québécois.

99. Rapport Léonard, mars 2004. Volet 1, page 2.

100. Rapport Léonard, mars 2004. Volet 2, pages 3 et 35.

101. La réponse n'est pas zéro, car le fédéral n'embauche pas sa juste part de fonctionnaires québécois. Voir Activité 35.

Les dépenses d'Ottawa, 1904-2003

En excluant le service de la dette

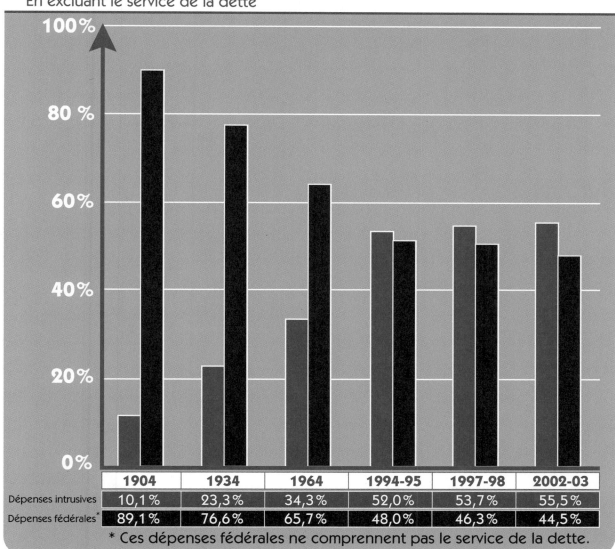

	1904	1934	1964	1994-95	1997-98	2002-03
Dépenses intrusives	10,1%	23,3%	34,3%	52,0%	53,7%	55,5%
Dépenses fédérales*	89,1%	76,6%	65,7%	48,0%	46,3%	44,5%

* Ces dépenses fédérales ne comprennent pas le service de la dette.

Les symboles

Niveau : universitaire.
Départements : Design, Beaux-Arts, Musique, Géographie.

Contexte

L'indépendance se prépare jusque dans les moindres détails. Il serait intéressant que le peuple québécois ait déjà choisi ses symboles au moment de la déclaration de l'indépendance. Les symboles d'un pays, ce sont, bien sûr, son drapeau, mais aussi ses timbres, sa toponymie, son hymne national[102]... voire ses emblèmes tirés de la faune et de la flore : arbre, fleur, oiseau, insecte, poisson, mammifère terrestre ou aquatique (le plus gros mammifère au monde[103] vit dans les eaux du golfe Saint-Laurent !).

Nos timbres-poste sont actuellement agrémentés du portrait de la reine d'Angleterre. L'arbre emblématique qui nous a été assigné par le Canada est le bouleau jaune (merisier) ; envolé l'érable ; envolé également les grands pins blancs gigantesques qui peuplaient les forêts du Québec avant que les colonisateurs britanniques ne les coupent tous pour approvisionner leur mère patrie. Quant au castor, il fut jadis l'emblème des Canadiens (français), tout comme le *Ô Canada* avant qu'on en invente des versions anglaises très éloignées de la version française.

Pour choisir ces symboles, il est important d'y associer le peuple, si l'on veut qu'il s'y identifie et en soit fier. Le Conseil de la souveraineté du Québec entreprend donc ici le processus qui doit mener au choix de nos symboles.

Activité • Un concours

Dans le cadre des travaux réguliers de votre cours, invitez les étudiants à participer au concours du Conseil de la souveraineté visant à doter le Québec indépendant…

• de timbres ;
• d'un hymne national ;
• d'un monument à l'indépendance ;
• d'animaux, d'un arbre ou de plantes emblématiques (expliquer son choix) ;
• d'une rue prestigieuse, dans chaque ville, en l'honneur de l'indépendance. Il faudra alors sans doute faire disparaître un nom de rue ou l'assigner à une rue moins importante (expliquer son choix).

Toutes les propositions des étudiants seront soumises à un jury qui sélectionnera une première série de symboles. Plusieurs concours seront organisés afin de multiplier les propositions intéressantes.

Trois finalistes seront retenus pour les étapes suivantes dans le choix des symboles.

Les meilleures propositions seront exposées à divers endroits, notamment au secrétariat du Conseil de la souveraineté et à ceux des partis politiques et organismes favorables à l'indépendance.

Le premier prix sera une bourse de 500 $.

Fin du premier concours : 6 janvier 2007.

Pour la remise des propositions, communiquez avec la Commission de l'éducation du Conseil de la souveraineté.

Téléphone : (514) 598-1111.

Courriel : csquebec@bellnet.ca

102. Les symboles, c'est aussi la monnaie d'un pays. Pour le moment, il semble que le Québec conservera la monnaie canadienne. Il est cependant possible dans le futur qu'un Québec indépendant adopte la monnaie états-unienne ou finisse par trouver plus avantageux de frapper sa propre monnaie.

103. Il s'agit de la baleine bleue. Cette baleine pèse habituellement entre 75 et 130 tonnes.

Assimilation ou indépendance ?

Niveau : universitaire.
Départements : Démographie, Sciences politiques,
Histoire, Géographie.

Contexte

Le 7 décembre 2004, *La Presse* faisait état d'une vaste étude de Statistique Canada intitulée *Nouvelles perspectives canadiennes*. L'étude démontrait le recul important du français au Canada au cours des 50 dernières années.

En 1951, les francophones constituaient 29 % de la population canadienne. Si l'on exclut le Québec, la proportion de francophones dans le ROC (*Rest Of Canada*) s'élevait alors à 7,3 %[104].

En 2001, les francophones ne représentaient plus que 22,9 % de la population canadienne. La proportion de francophones dans le ROC avait, quant à elle, chuté à 4,4 %[105].

Les auteurs de l'étude, Louise Marmen et Jean-Pierre Corbeil, concluent qu'il « est difficile d'imaginer un scénario raisonnable qui pourrait renverser la tendance à la baisse du poids du groupe de langue maternelle française dans l'ensemble du pays[106] ».

La disparition progressive du français est connue des démographes. Depuis les lettres des marchands de Montréal (voir Activité 9) et les célèbres écrits de Lord Durham, le poids des francophones n'a cessé de diminuer au Canada.

En 1763, les francophones constituaient la quasi-totalité de la population non amérindienne du Canada.

Autour de 1841, ils ne représentaient plus que 35 % de la population dénombrée[107]. Celle-ci s'élevait alors à 1 635 000 habitants, mais la population amérindienne n'était alors pas recensée. Ce chiffre exclut également les quatre provinces de l'Ouest.

Avant la Confédération, les francophones avaient déjà constitué un groupe majoritaire au Manitoba, en Alberta et en Saskatchewan. Lors de leur entrée dans la Confédération, en 1870, les francophones étaient à égalité avec les anglophones au Manitoba. Cette province offre un exemple spectaculaire de la diminution progressive du français au Canada. En 2001, les francophones n'y étaient plus que 45 900, soit 4,1 % de la population. Parmi eux, 54,7 % parlent plus souvent anglais à la maison[108].

Qu'en est-il du Québec ? Le phénomène est moins patent, mais toujours actif. En 2001, la majorité des immigrants québécois adoptaient toujours l'anglais comme langue d'usage, cela dans une proportion de 54 %.[109] Au niveau scolaire, la tendance est encore plus inquiétante. Après avoir inversé le phénomène pendant une quinzaine d'années, la tendance est de nouveau à l'augmentation de la proportion d'élèves anglophones. De 1991 à 2005, la proportion d'élèves fréquentant une école anglaise a augmenté de 2 %. Inversement, la proportion d'élèves fréquentant une école française a diminué du même pourcentage[110]. Certains associent le phénomène à la Clause Canada imposée au Québec par la Cour suprême. Cette clause a émasculé une bonne partie de la *loi 101*.

Cette lourde tendance démontrée par l'étude de Marmen et Corbeil a de quoi inquiéter les francophones[111]. Statistique Canada ne peut guère, en effet, être accusé de tendance « séparatiste ».

Activités

• Proposer aux étudiants de faire une revue ou un rapport de lecture des documents publiés sur l'évolution de la population francophone au Canada et dans chaque province ainsi que sur les causes de son déclin ou de sa progression.

• Demander aux étudiants de suggérer des moyens pour éviter la disparition progressive du français en Amérique du Nord. Inviter les étudiants à produire un résumé de leur travail sous forme de lettre aux journaux. Inciter les étudiants qui ont produit les meilleures lettres à les faire parvenir aux médias. Ne pas omettre d'en envoyer une copie au Conseil de la souveraineté.

104. Chiffres extraits d'une vaste étude intitulée *Nouvelles perspectives canadiennes* et publiée par Statistique Canada. Rapportée dans *La Presse* du 7 décembre 2004.

105. *Ibid.*

106. *Ibid.*

107. Source : http://www.tu-dresden.de/sulcifra/quebec/geschqu/1791_1840.htm . La population anglophone est alors d'environ 1 635 000 habitants et la population francophone, de 567 750.

108. http://www12.statcan.ca/english/census01/Products/Analytic/companion/lang/provs.cfm

109. *La Presse*, 23 novembre 2004.

110. Source : *Journal de Montréal*, 19 juin 2005.

111. *La Presse* ne semble pas partager ce diagnostic, puisqu'elle s'est contentée de publier cette nouvelle en page A-9 plutôt qu'à la une.

Le Devoir, 11 décembre 2002

Le nombre de francophones ne cesse de diminuer au Canada

Si la croissance du nombre d'allophones se maintient, ce groupe finira par dépasser dans un avenir rapproché les francophones au pays

LE DEVOIR ET LA PRESSE CANADIENNE

Poursuivant la forte tendance des dernières années, la proportion de francophones au Canada a encore diminué au cours des cinq dernières années, passant sous la barre des 23 %. Seul le Québec conserve à peu près la même proportion de francophones. Dans toutes les autres provinces, ces chiffres sont à la baisse, révèlent les données recueillies par Statistique Canada lors du recensement de 2001.

La proportion risque de fléchir encore plus dans les années à venir. Les populations francophones vieillissent, indique Statistique Canada. De plus, leur taux de croissance a chuté de moitié depuis la période 1991-96, essentiellement parce qu'on y compte moins d'enfants âgés de moins de cinq ans.

En fait, si la croissance du nombre d'allophones — dont la langue maternelle n'est ni le français ni l'anglais — se maintient, ce groupe finira par dépasser dans un avenir rapproché les francophones au pays.

Les allophones représentaient 18 % de la population en 2001, soit un Canadien sur six, alors qu'ils ne comptaient que pour 15,3 % il y a 10 ans. Cette augmentation de 12,5 % est trois fois plus importante que le taux de croissance de l'ensemble de la population canadienne, de 4 %, durant la même période. En nombre absolu, on compte désormais au Canada 17 521 880 d'anglophones, 6 782 320 de francophones et 5 334 770 d'allophones.

L'assimilation des francophones s'accroît

Il y a en fait plus de francophones au Canada en 2001 qu'en 1996. Sauf qu'ils sont de plus en plus nombreux à parler anglais à la maison. Preuve de cette assimilation: on trouve moins de Canadiens qui parlent français à la maison (22 %) qu'il n'y a de francophones au pays (22,9 %). À l'inverse, 67,5 % des gens parlent anglais à la maison par rapport à 59,1 % de la population qui déclare l'anglais comme langue maternelle.

L'assimilation des francophones se vit partout à l'extérieur du Québec. En Ontario, par exemple, 40,3 % des francophones parlent anglais à la maison contre 38,8 % en 1996. Au Nouveau-Brunswick, ils sont 10,5 % à s'exprimer en anglais contre 9,7 % cinq ans plus tôt.

Les unions avec une personne de langue maternelle anglaise expliquent la situation, avance Statistique Canada. L'agence a toutefois voulu savoir si les répondants parlaient une autre langue régulièrement à la maison. Cette question, une première, a été perçue par plusieurs comme une tentative d'amoindrir la diminution constante du fait français au pays. Selon Charles Castonguay, professeur de démographie et de mathématique de l'Université d'Ottawa, on tente ainsi de *«noyer le poisson en ce qui concerne l'anglicisation des francophones à l'extérieur du Québec».*

Plusieurs démographes avaient d'ailleurs souligné le caractère politique de la question, rappelant que le questionnaire du recensement doit être approuvé par le conseil des ministres. Et les documents de Statistique Canada démontrent que, lorsque cette question est prise en compte, les taux d'assimilation sont moins importants.

Le bilinguisme perd du terrain

Les données rendues publiques hier s'attardent aussi au taux de bilinguisme parmi la population, une donnée qui soulève de nombreuses interrogations puisqu'il s'agit d'une auto-évaluation des répondants. *«Sur la question du bilinguisme, on s'est aperçu en général que les anglophones surestiment leurs capacités en français»,* note Robert Bourbeau, professeur de démographie à l'Université de Montréal.

Selon les réponses recueillies, 17,7 % de la population canadienne se disait bilingue. Mais dans les faits, le bilinguisme demeure l'affaire des francophones et celle des anglophones du Québec. Dans cette province, 40,8 % de la population a déclaré être bilingue: 66 % des anglophones le sont et 37 % des francophones, des proportions en hausse dans les deux groupes.

En comparaison, au Nouveau-Brunswick, seule province officiellement bilingue, 34,2 % des résidants se disaient bilingues. Dans les autres provinces, ce taux varie entre 3 et 12 %.

D'ailleurs, la bilinguisation chère à Pierre Elliott Trudeau perd du terrain chez les jeunes anglophones hors Québec, comme en témoignent les données sur les 15 à 19 ans et celles des 10 à 14 ans. Statistique Canada note aussi que le taux de bilinguisme diminue avec le temps. En 1996, 16,3 % des jeunes anglophones de 15 à 19 ans se disaient bilingues. Cinq ans plus tard, ces jeunes, maintenant âgés de 20 à 24 ans, se disaient bilingues à 13,5 %.

Politique culturelle
des commissions scolaires
Destinataires : commissaires, comités de parents.

L'existence d'un peuple se définit par sa culture, par la richesse et le caractère unique de cette culture.

Quelques commissions scolaires ont déjà adopté des politiques culturelles. Celles-ci traitent de nombreux sujets : bibliothèques scolaires, enseignement des arts, collaboration avec les artistes et les écrivains, conservation du patrimoine, etc.

Une commission scolaire ne peut à elle seule définir la culture québécoise. C'est à nos créateurs, par leurs œuvres, qu'il revient de le faire. Les commissions scolaires peuvent toutefois tenter de cerner les actions qu'il est possible de poser, afin de rendre plus dynamique, attrayante et accessible aux jeunes la culture québécoise. Afin aussi de faciliter l'expression créative de nos jeunes pour qu'ils deviennent des agents actifs dans la fabrication de cette culture.

Malheureusement, un volet majeur a été ignoré dans presque toutes les politiques déjà adoptées. C'est celui de permettre à nos jeunes d'acquérir une vision critique face aux cultures étrangères, ceci afin de les amener à distinguer ce qu'il y a d'original et d'intéressant dans ces cultures, comme ce qu'il peut y avoir, dans certains cas, de stéréotypé, de contestable et de superficiel.

L'inclusion de ce volet est d'autant plus nécessaire que le rouleau compresseur de la culture états-unienne est en marche. Le Canada se montre bien timide lorsqu'il s'agit de protéger la culture québécoise contre cet envahissement. Nous seuls pouvons parler en notre nom. Cela nous rappelle encore une fois l'urgence de faire l'indépendance afin d'avoir notre propre voix (voie !) dans le concert des nations.

La mondialisation conduit progressivement à l'uniformisation des cultures régionales sous la domination de la culture impériale. Il est donc urgent d'établir une stratégie de défense pour éviter la disparition des cultures régionales. Il s'agit d'un phénomène normal qui a été observé partout à travers le monde.

Les États-Unis ont, pour leur part, une stratégie très organisée pour imposer leur culture à la planète. Une stratégie qui fonctionne à merveille, comme on le verra à la lecture du sondage réalisé auprès d'élèves de 6e année.

Il serait suicidaire de continuer à réagir de manière dispersée.

C'est dans cette perspective que nous suggérons à toutes les commissions scolaires d'adopter une politique culturelle qui tienne compte de notre caractère distinct, car il est urgent de nous organiser si l'on veut éviter la « McDonalisation » de nos enfants.

Voici quelques suggestions qui pourraient orienter la mise sur pied d'une telle politique culturelle.

La culture des petits

Une bonne façon d'appréhender les fondements de la culture d'une nation est sans doute de commencer par analyser les jouets que les parents offrent à leurs enfants.

Une visite des grands magasins de jouets nous fait percevoir, d'un seul coup d'œil, la profonde césure qui existe entre la consommation de la grande majorité des parents et celle des milieux qui font la culture et qui s'approvisionnent dans les boutiques de jouets spécialisées.

Quand on visite des magasins comme Toys R Us, deux constats s'imposent :

Le premier est que les jouets qu'on y vend favorisent systématiquement la consommation plutôt que la créativité. La quasi-totalité des jouets s'apparente au prêt-à-porter, tout mâché d'avance. La cuisinière Fisher-Price en est le prototype, avec son œuf au miroir, son bacon et sa boîte de soupe Campbell en plastique. Ce genre de jouet très dispendieux renvoie aux oubliettes les collections de boîtes de conserve et les jeux imaginatifs où les enfants utilisent du plantain pour imiter les épinards.

Le second constat est que la grande majorité des jouets dérivent des archétypes états-uniens connus de tous : Barbie et G.I. Joe. La presque totalité des figurines pour petits garçons sont en effet des héros toujours en conflit, avec une seule méthode pour les résoudre, la violence. Du côté des petites filles, les poupées ressemblent aux starlettes anorexiques d'Hollywood, avec leur garde-robe gigantesque et leur consommation boulimique.

La culture des plus grands…

Qu'en est-il maintenant de la culture consommée par les plus vieux, les « grands » de 5e et 6e années ?

En mai et juin 2003, un sondage a été effectué auprès de 295 élèves de 10 et 11 ans provenant de six écoles de divers milieux socioéconomiques.

Les résultats sont inquiétants. Ils indiquent surtout à quel point la culture des enseignants diffère de celle des élèves. La plupart des enseignants qui ont vu ces résultats ont admis qu'ils connaissaient très peu la nature réelle des éléments culturels consommés par les jeunes.

Dans ce sondage, on constate que nos jeunes de 10 et 11 ans écoutent de la musique francophone dans une proportion de 29 % et anglophone, de 69 %. On doit à *Star Académie* de limiter le désastre.

Côté cinéma, 90 % des films regardés par nos jeunes proviennent des États-Unis. À peine 6 % sont issus de la francophonie. Le reste vient essentiellement de Hong Kong, du Japon et de l'Angleterre.

Pour mieux évaluer la réponse des élèves, il faut se rappeler que les productions pour enfants sont d'une qualité exceptionnelle au Québec, mais aussi, dans le monde, à l'extérieur des États-Unis. De fait, les productions les plus violentes, sexistes et débilitantes proviennent de nos voisins du Sud et de leurs principaux sous-traitants, le Japon et Hong-Kong. Bien sûr, de bons films sont produits aux États-Unis, mais la grande majorité des productions sont en contradiction avec les valeurs prédominantes des Québécois.

Actrices et acteurs préférés

En ce qui concerne les acteurs préférés, seulement 4 % des élèves interrogés choisissent un acteur québécois ; les actrices québécoises sont légèrement plus populaires avec 11 % des choix.

Les acteurs les plus populaires sont, de loin, Jackie Chan (13 %) et Vin Diesel (12 %), suivis d'Eddy Murphy, Bruce Willis, Jet Li et Jim Carey, à 4 % chacun. Le Québécois le plus populaire, Stéphane Rousseau, obtient à peine 1 % des voix.

Du côté des actrices, la palme revient à Jennifer Lopez (18,5 %), suivie de Sarah Michelle Gellar (14 %), Cameron Diaz (9 %) et Julia Roberts (6 %). La première Québécoise, Sylvie Moreau, obtient un maigre 1,5 %.

Le faible score obtenu par les actrices et acteurs québécois laisse songeur.

Les modèles

Une des questions du sondage portait sur les héros ou héroïnes : « À quel personnage connu aimerais-tu ressembler plus tard ? »

La caractéristique la plus inquiétante est que 40 % des garçons ont un personnage violent comme modèle : Vin Diesel, Jackie Chan, etc. Il semble donc que les œuvres cinématographiques qui contiennent des scènes de violence aient plus d'influence que certains veulent bien l'admettre.

Du côté des filles, ce sont aussi les vedettes états-uniennes qui obtiennent la palme. Leur qualité la plus importante est d'être belles

(… comme Jennifer Lopez). Une curiosité : 10 % des filles désignent un homme comme personnage à qui elles veulent ressembler. Seulement un garçon a fait l'inverse.

Se pourrait-il qu'on ait enterré le féminisme trop tôt ?

Les émissions de télévision

La dernière question du sondage portait sur les émissions de télévision : « À l'exception des films, quelles sont les émissions de télé que tu as regardées depuis une semaine ? (Les cinq émissions préférées) »

Les réponses à cette question sont les plus encourageantes : 47 % des émissions regardées par les garçons sont produites au Québec ; chez les filles, la proportion est de 50 %.

Quelques curiosités :

Les dessins animés japonais sont choisis par les garçons dans 14 % des cas. Chez les filles, dans 2 % des cas.

Les émissions québécoises les plus cotées sont, dans l'ordre, *Ramdam, Star Académie, Dans une galaxie près de chez vous* et *Radio Enfer*.

L'émission produite aux États-Unis la plus regardée est *Les Simpson*. Ce sont surtout les garçons (10 %) qui la regardent ; les filles ne l'ont mentionnée que dans 3 % des cas.

Une lame de fond

Ce sondage vient appuyer une opinion répandue, mais que beaucoup de gens n'osent dire ouvertement de peur d'être traités « d'anti-Américains primaires ».

Il faut bien admettre que la culture de l'Empire est en train de s'imposer, ici comme partout dans le monde, balayant sur son passage les originalités locales et les cultures autochtones. Il n'y a qu'à faire un tour des villes québécoises pour le constater.

On le voit d'abord par l'invasion des chaînes de restaurants états-uniennes qui ont littéralement submergé tous les coins du Québec. McDonald's et ses clones sont maintenant présents dans toutes les villes, tous les quartiers, plusieurs villages. On le voit aussi par les boutiques de mode, les magasins Toys R Us, les Wal-Mart et autres fleurons de l'Empire.

Même la sainte Flanelle a été rachetée par un États-Unien. Et que dire de son Forum ancestral qui a été transformé en Forum Pepsi… Pepsi qui envahit la plupart des événements de prestige de Montréal avec son eau Aquafina, une eau puisée dans un aqueduc municipal de l'État de New York, alors que le Québec dispose des nappes phréatiques les plus importantes au monde ?

Ouf ! Calmons-nous. Ce style emporté ne sied pas à un texte portant sur la politique culturelle d'une commission scolaire.

À moins que, justement, la culture ne soit un cri du cœur, une véritable révolte contre la bêtise !

Cette dernière définition est d'autant plus attrayante que, si l'on regarde les émissions et les livres pour enfants produits au Québec au cours des dernières décennies, on ne peut qu'être fiers de la qualité de ces œuvres. Elles se situent parmi les meilleurs produits culturels au monde et se démarquent de ce qui nous parvient des États-Unis.

Une culture basée sur des valeurs

Toutes les cultures sont basées sur des valeurs.

Parfois, il arrive que les artistes remettent radicalement en question les valeurs de la société dans laquelle ils vivent. Ce fut le cas lors du *Refus global,* au Québec, en 1948. Le *Refus global* a marqué un tournant de la société québécoise. Nous avons assisté par la suite à une véritable explosion des productions culturelles.

Nous croyons quant à nous que la société québécoise est à la veille d'un nouveau refus global. Un refus global non pas basé, comme il y a 58 ans, sur un refus du conservatisme de la période Duplessis, mais sur un refus de l'uniformité de la culture de l'Empire…

… cette culture du zapping, qui dénigre l'approfondissement;

… cette culture violente, du chacun pour soi;

… cette culture «barbiesque», où le paraître l'emporte sur l'être;

… cette culture de la facilité où toute réalisation semble se faire magiquement, sans effort. Tout y a l'air facile: la force, l'argent, l'amour, tout s'acquiert en un tournemain;

… cette culture de jeux vidéo dont un général de l'armée états-unienne disait déjà, en 1987, qu'elle produirait la meilleure génération de pilotes de chasse que les États-Unis aient jamais connue. Piloter un F-18 requiert en effet le même genre de coordination oculo-manuelle que celle développée par la pratique des jeux vidéo de guerre ou de course automobile.

Bref, un refus de faire de nos enfants des machines à consommer; d'en faire des individus qui vivent leur vie de façon virtuelle plutôt que réelle; d'en faire des clones des G.I. Joe et des Barbie de tous acabits.

Les politiques culturelles des commissions scolaires doivent s'opposer à ces valeurs de pacotille, violentes, racistes et sexistes.

Nous devons au contraire produire des jeunes créatifs, solidaires, écologistes, pacifiques. Des jeunes qui puisent dans leurs racines québécoises l'inspiration pour dialoguer avec les jeunes du monde entier. Des jeunes qui se sentent responsables de l'avenir de la planète.

Éléments de politique

Il est proposé que les commissions scolaires:

• organisent régulièrement, à l'exemple de la campagne 2003 sur la téléviolence, de nouvelles campagnes de sensibilisation sur les effets de la culture impériale;

• développent des outils pédagogiques à l'intention des enseignants pour leur permettre de développer l'esprit critique des élèves face aux productions culturelles autochtones et importées;

• mettent en valeur les productions québécoises auprès des élèves;

• initient les élèves aux meilleures productions des cultures autochtones ailleurs dans le monde.

Voici enfin deux petites mesures qu'il nous paraît utile d'introduire dans les politiques culturelles des commissions scolaires qui désirent rendre leurs élèves «indépendants» de la culture impériale.

Des héroïnes et héros culturels

La promotion de la culture québécoise passe aussi par la promotion de ses artisans.

Comme on l'a vu précédemment, les héros et les héroïnes de la jeunesse actuelle sont essentiellement des supervedettes états-uniennes dont les principales caractéristiques sont d'être riches, égocentriques, violentes, sexistes, superficielles et consommatrices… sans oublier quelques autres qualités.

Nous croyons que chaque école devrait proposer des héroïnes et des héros alternatifs aux élèves, notamment les architectes, peintres, sculpteurs, musiciens, danseurs, graphistes, comédiens, écrivains, historiens, artisans des métiers d'arts, architectes paysagistes, etc., qui ont fréquenté leur école.

Certains sont connus, d'autres méconnus, mais tous méritent d'être mis en valeur.

Cette mise en valeur peut prendre diverses formes : photographies de ces héroïnes et héros nouveau genre, accompagnées de courtes biographies, expositions de reproductions de leurs œuvres, invitation des artistes toujours vivants à venir rencontrer les élèves actuels de leur *alma mater*.

Pour mettre en valeur ces héroïnes et héros alternatifs, il faut évidemment savoir où ils ont étudié. Il serait souhaitable que les commissions scolaires effectuent une recherche auprès des associations d'artistes, d'écrivains et d'artisans afin de connaître ceux et celles qui ont fréquenté leurs écoles.

S'enrichir des cultures immigrantes

En 2002, peu avant Noël, un débat bien particulier a eu lieu à Montréal. Une école privée a décidé de bannir les chants de Noël religieux du répertoire de sa chorale. La directrice invoquait le fait que ces chants pouvaient choquer les immigrants d'autres confessions religieuses. Elle soutenait même être à l'avant-garde et invitait les autres écoles à l'imiter.

> ### Éléments de politique
> Il est proposé que les commissions scolaires :
> • invitent leurs écoles à mettre en valeur les artistes, écrivains et artisans qui les ont fréquentées ;
> • contactent les associations d'artistes, d'écrivains et d'artisans pour établir cette liste ;
> • fournissent les résultats de cette recherche aux écoles ;
> • introduisent sur leur site Internet une section portant sur ces personnages.

Il ne s'agissait pas là d'un cas isolé. Peu avant, il y avait également eu l'affaire du sapin de Noël de l'hôtel de ville de Montréal qui, disait-on, pouvait aussi choquer les immigrants.

Bien que ces cas extrêmes aient suscité la réprobation générale, nous croyons qu'il s'agit là de la pointe d'un iceberg qui dénote, de la part des « Canadiens français[112] », une attitude bien plus colonisée qu'il n'y paraît. Pour comprendre l'origine de cette *autonégation*, il faut remonter à la période Trudeau, alors que celui-ci a introduit le concept d'un Canada multiculturel.

L'objectif avoué était clair. Il voulait faire disparaître la notion des deux peuples fondateurs véhiculée par les nationalistes québécois.

La conception de Trudeau réduisait les « Canadiens français » à se définir comme une communauté culturelle parmi d'autres. Elle avait pour effet de nier au peuple québécois qui accueille les immigrants le droit de les intégrer de façon harmonieuse à sa propre culture distincte.

Le pire est bien que nous ayons assimilé cette conception, de telle sorte que nous sommes devenus un des rares peuples au monde à se sentir coupables d'affirmer son identité.

Nous croyons qu'il faut s'opposer à cette conception qui sous-tend que les « Canadiens français » devraient renier leur culture pour éviter de vexer les immigrants. Les cultures immigrantes sont censées enrichir le peuple qui les accueille et non l'appauvrir. Dans tout pays normal, les immigrants s'intègrent en quelques générations à la nation qui les reçoit.

L'attitude à adopter face aux immigrants est donc d'abord de les accueillir et de les initier à la culture locale. C'est d'ailleurs ce que souhaitent ceux d'entre eux qui n'ont pas pour objectif de faire escale au Québec avant d'émigrer aux États-Unis ou en Ontario.

Il arrive également que certaines communautés installées depuis longtemps au Québec travaillent activement à angliciser les nouveaux immigrants. Encore là, notre attitude ne doit pas en être une de soumission. Les immigrants ont aussi des devoirs.

Bref, il est important de se rappeler que, si le Québec doit s'enrichir des multiples cultures des immigrants, cet enrichissement doit se manifester à travers une intégration des immigrants au groupe francophone plutôt qu'au groupe anglophone. Dans la plupart des pays, cette intégration se produit sans problème, car les immigrants sont fortement minoritaires et la majorité peut les intégrer facilement. À Montréal, la situation est plus complexe. Aux yeux de certains, la tâche peut même apparaître impossible quand on constate que 46 % des élèves de la Commission scolaire de Montréal sont de langue maternelle autre que le français. Cette commission scolaire compte 80 communautés ethniques différentes qui parlent au-delà de 120 langues.

Mais ne dit-on pas que le mot « impossible » n'est pas français, surtout si tous les intervenants mettent la main à la pâte ?

La problématique de la langue a une allure très particulière au Québec. C'est tout un défi de faire vivre et grandir la culture de 6 millions[113] de francophones dans une mer de 300 millions d'anglophones.

Les risques de voir disparaître la langue française et la culture québécoise d'ici cinquante ou cent ans sont bien réels. C'est pour prévenir cette disparition que la *loi 101*, adoptée en 1977, oblige tous les nouveaux immigrants à inscrire leurs enfants à l'école française.

L'adoption de la *loi 101* a permis de ralentir de façon perceptible l'anglicisation des immigrants. Elle ne permet cependant toujours pas d'inverser le phénomène. Selon le dernier recensement, une majorité (54 %) de familles immigrantes continue d'adopter l'anglais comme langue d'usage à la maison. On voit donc à quel point l'attrait de l'anglais continue de dominer. Le défi que nous rencontrons est grand, si nous voulons éviter une lente disparition de la culture française

d'Amérique. À court terme, c'est le visage français de Montréal qui est à risque.

> ### Élément de politique
> Il est proposé que les commissions scolaires :
> • lancent un débat au sein de leur personnel et des conseils d'établissement afin d'établir les façons les plus efficaces et harmonieuses d'intégrer les immigrants à la communauté d'accueil, tout en profitant de l'enrichissement que peuvent apporter à la culture québécoise ces diverses communautés.

112. La majorité d'origine française est si colonisée qu'elle n'ose même plus s'appeler par un nom particulier. Avant les années 1960, ce groupe se qualifiait de « Canadiens », par opposition aux « Anglais ». Avec Trudeau, ils ont commencé à se nommer eux-mêmes « Canadiens français » et les « Anglais » sont devenus les « Canadiens anglais ». Puis, ce fut « Québécois ». Ensuite, « Québécois de souche ». Aujourd'hui, plus personne n'ose nommer ce peuple d'accueil sans se sentir coupable d'utiliser un mot quelconque. Et quand on n'a plus de mots pour décrire les choses, eh bien, on sombre dans le néant et le ridicule !

113. Ce sont 6,2 millions de Québécois qui parlent français à la maison, soit 83 % de la population globale des 7,5 millions d'habitants.

Le « commanditaire » à l'assaut de l'école

Destinataires : commissaires, conseils d'établissement.

Contexte

Existe-t-il un domaine où la juridiction du Québec est aussi totale, dans la Constitution canadienne, que celui de l'éducation ? Selon les « pères de la Confédération », il s'agit là d'un domaine de juridiction provinciale absolue et sans partage.

Pourtant, s'il y a un domaine où les intrusions du fédéral sont devenues systématiques, c'est bien en éducation. Les directions d'école le savent fort bien, elles qui reçoivent régulièrement des documents pédagogiques gratuits provenant d'Ottawa. Toutes les excuses sont bonnes pour exposer le drapeau canadien et mettre en lumière le rôle actif du fédéral en éducation : le recensement, le sénat canadien, la protection contre les rayons UV, l'histoire de Mathieu Da Costa, la semaine de la citoyenneté, la campagne militaire d'Italie, tout y passe. Les écoles reçoivent même des gadgets à l'intention des enfants. Le gouvernement fédéral est sans conteste le plus grand fournisseur de matériel scolaire gratuit qui soit, alors que les besoins du gouvernement québécois en éducation sont si urgents, ne serait-ce que pour regarnir les bibliothèques.

Activité

• Il est suggéré que les conseils des commissaires et les conseils d'établissement votent la résolution suivante et la fassent parvenir au premier ministre du Canada, au premier ministre du Québec et au Conseil de la souveraineté.

Projet de résolution

Attendu que l'éducation est de la compétence exclusive du Québec ;

Attendu que les priorités du gouvernement fédéral en éducation diffèrent de celles du Québec ;

Attendu que les besoins en éducation sont particulièrement dramatiques actuellement, notamment en ce qui concerne les élèves en difficulté ;

Il est résolu de demander au gouvernement fédéral :

• de respecter intégralement la juridiction du Québec en ce qui concerne l'éducation ;

• de cesser l'édition de matériel pédagogique et l'organisation de concours à l'intention des écoles ;

• de transférer au Québec tous les budgets qui servent actuellement à l'impression de ce matériel et à l'organisation de ces concours.

Le Québec indépendant : un laboratoire collectif

Par Gilles Gagné

Les idéaux de liberté politique, d'autonomie et de responsabilité collective qui s'expriment dans la société québécoise avec une force et une constance qui ne se démentent pas sont la traduction dans notre actualité d'orientations normatives et de visées politiques qui se sont formées au fil de l'histoire, dans des temps et des lieux qui nous sont maintenant partiellement étrangers. Ce sont cependant ces orientations de longue portée qui conditionnent l'existence même de cette « société québécoise » dont nous faisons journellement l'expérience en tant que cadre de référence de notre action et en tant que communauté politique définissable par sa place dans le monde politique plus large où elle a son identité et sa réalité particulières. Les aspirations, les luttes, les événements et les hasards qui ont fait le Québec dans le passé se sont déposés dans sa réalité actuelle et il n'est nullement besoin de connaître le détail de cette histoire ou de se projeter dans le passé par le travail de l'identification imaginaire pour sentir l'exigence de responsabilité collective qui nous a précédés et qui donne sens aux oppositions qui structurent aujourd'hui le débat public. Les contingences historiques qui ont mené à la formation de la société québécoise se sont sédimentées dans les institutions publiques, elles se sont fixées dans les orientations générales de la culture politique et elles vivent en silence, mais puissamment, dans le sentiment commun d'être imputables de l'avenir de cette société. Déployées maintenant par l'éducation en des « habitudes du cœur » qui informent le regard que les jeunes posent sur le monde dont nous dépendons, ces contingences historiques ont une effectivité quotidienne qui précède et oriente l'interprétation que l'on peut en faire, une effectivité qui est aussi pour cette raison le lieu même où la liberté collective doit s'exprimer pour préserver les libertés subjectives qui vivent en elles au présent.

La mémoire n'est pas un projet

L'indépendance du Québec ne peut plus être le simple terminus des luttes « d'émancipation nationale »; il ne sera pas suffisant d'en faire le grand soir de la mise à mort de la « tutelle outaouaise »; et ceux qui, lors du prochain référendum, y verront essentiellement la fin du détournement historique amorcé par la Conquête seront probablement minoritaires. Le problème a changé de nature en cours de route et de nouvelles réalités politiques se sont mises en place. Pendant que les racines historiques du désir d'indépendance s'emmêlaient à d'inextricables querelles de clocher, de nouvelles raisons de promouvoir l'autonomie politique de citoyens réunis dans un projet de solidarité collective prenaient forme. Inscrire l'indépendance dans l'histoire institutionnelle des rivalités fédérales-provinciales simplement pour tirer un trait sur cette histoire reviendrait justement à renoncer à son sens historique le plus riche. C'est donc à ce qui commencera avec l'indépendance qu'il faut penser, non à ce qui s'y terminera.

Pour se convaincre de la nécessité de combiner les perspectives politiques issues de l'histoire du Québec avec celles qui appartiennent à l'état présent du monde, il suffit de faire l'effort d'adopter un instant le point de vue de ceux qui étaient trop jeunes pour participer, à titre d'électeurs, au référendum de 1995. Nous sommes aujourd'hui en 2005, 10 ans après le référendum de 1995. S'il se tenait cette année un nouveau référendum, c'est un gigantesque « comté » composé de près de 1 000 000 de nouveaux électeurs qui s'ajouteraient aux électeurs qui faisaient partie du corps électoral de 1995. Formé essentiellement de ceux qui avaient entre sept et dix-sept ans en octobre 1995, ce comté est distribué sur l'ensemble du territoire québécois et, dans une lutte où chaque voix compte, c'est lui qui tient entre ses mains les résultats de la prochaine consultation. En effet, en supposant que l'ensemble de ceux qui ont aujourd'hui 28 ans et plus fera à nouveau un score de 50-50 dans un prochain référendum, c'est le comté formé par le million de nouveaux électeurs qui décidera de l'avenir du Québec. Ses intentions de vote sur l'indépendance : 60 % et plus pour le OUI. Comme ce « comté » appartient au secteur de la société le plus politiquement dynamique (comme on l'a vu lors de la guerre contre l'Irak où lors de la grève des étudiants), les mobilisations qui le traverseront auront très certainement un impact décisif sur le reste de la société. Pour toutes ces raisons, il faut réfléchir à la structure de l'univers politique qui est maintenant le nôtre et, pour cela, tourner le dos, comme le font les membres de ce groupe, au marais du « fédéral-provincial ».

Une voix de plus dans le monde est un projet nécessaire

La dynamique globale du dernier tiers du siècle est venue accentuer la ligne directrice de l'ensemble du 20e siècle, siècle que l'on pourrait, pour reprendre un mot à la mode, placer sous l'égide de la « mondialisation », et cela, sans trop avoir à insister sur le fait que ce sont les aspects les plus dangereux de ce processus qui se sont imposés en premier : mondialisation de la guerre, d'abord, puis libération d'une puissance atomique qui offre maintenant ses services d'une capitale à l'autre, catastrophes humanitaires à portée universelle, pollution galopante, réchauffement du climat, pandémies et, enlacée à tout cela, destruction massive des régulations traditionnelles des économies d'échange non marchand par les « mécanismes » d'une économie de marché identifiée doctrinalement aux vertus de la « démocratie » et imposée à ce titre.

Quelle que soit la part d'originalité réelle du modèle québécois, par exemple, il reste que la société québécoise dispose d'une capacité de réflexivité et de débat qui fait d'elle une réalité collective singulière. Par leurs prises de position dans les luttes politiques qui ponctuent les transformations internes de cette « maison commune », les individus, tout à la fois, expriment les valeurs qui les portent et participent au renouvellement d'un idéal de société où s'inscrivent leurs propres visées subjectives : acteurs et sujets de l'aménagement du monde proche, ils ont de ce fait l'aptitude à prendre part à la vie politique plus large. C'est cette dynamique réelle et quotidienne, faite d'influence, de participation et de contrainte, qui donne son orientation générale à la société québécoise et qui autorise en retour les Québécois

à « signer » le monde à travers elle en contribuant aux décisions qui concernent « tout le monde ».

L'indépendance du Québec ne consiste donc plus, dans son essence, à se libérer du Canada ou à achever une vieille histoire, mais bien plutôt à entrer, avec d'autres « sociétés » (y compris avec le Canada) dans la dynamique d'un nouvel espace politique où doivent désormais s'exprimer et se réaliser les « individualités historiques collectives » qui forment ensemble l'Universum humain. Située à la rencontre de l'ancien monde et du nouveau, ouverte aux puissantes influences externes de l'Amérique, de la civilisation française et des institutions britanniques, lieu de convergence des apports culturels les plus divers et de leur union progressive dans « un sens du pays » où résonne encore avec force la source autochtone de cette habitation, capable d'intégrer sans exclure et d'aménager la diversité sans faire régner la division, membre de la francophonie, de la « zone » des Amériques et du monde développé post-industriel, partie prenante du virage postmoderne de la civilisation occidentale, la société québécoise de demain fera partie du club des petites sociétés démocratiques riches et développées qui maintiennent, grâce à leur liberté politique plus grande, une fonction critique vis-à-vis des politiques de la force et font figure de laboratoires collectifs où s'exposent des modalités nouvelles de l'être ensemble. Il s'agit là d'une fonction politique désormais « fondamentale », une fonction politique à laquelle le Québec, non seulement « peut » participer, mais à laquelle il « doit » participer.